PIERRE SIPRIOT

LES SOIXANTE DERNIERS JOURS DE MARIE-ANTOINETTE

du
3 août 1793
« incarcération à la Conciergerie »
au
16 octobre 1793
« Marie-Antoinette est guillotinée »

PLON
76, rue Bonaparte
PARIS

Librairie Plon, 1993
ISBN 2-259-02727-X

A Monique Joguet.

INTRODUCTION

« Le Roi n'a qu'un homme, c'est sa femme », *disait Mirabeau. Là où Louis XVI s'est sauvé par sa raison et par sa foi, Marie-Antoinette a compté sur son caractère et sur les principes monarchiques pour elle comme pour son fils.*

Le 2 août 1793, Marie-Antoinette est transférée de la prison du Temple à la Conciergerie, antichambre de la mort. *Elle vit jusqu'au 13 septembre dans une cellule humide qu'on la force à partager avec deux gardiens. Après, elle est mise dans un cachot jusqu'à son procès et sa mort, le 16 octobre 1793.*

Pendant le mois d'août, Marie-Antoinette est devenue une bête curieuse. *Avec la complicité d'administrateurs de la Commune, d'étranges personnages se rendent dans sa prison. Parmi eux, Rougeville, le* Chevalier de Maison-Rouge *d'Alexandre Dumas. Dans ce projet* charmant *d'évasion (comme dit la fille de Marie-Antoinette, Madame Royale), il est difficile de démêler ce qui appartient à l'imagination de Rougeville de ce qui appartient à la réalité.*

Plus évidentes, mais avec autant de candeur dans l'entreprise, apparaissent les multiples tentatives d'Axel de Fersen pour sauver la Reine. Fersen rêve de conduire une chevauchée des troupes d'élite autrichiennes jusqu'à la Conciergerie et d'enlever la Reine.

La bataille de toute l'Europe coalisée contre les armées de la Révolution française n'aura pas lieu avant la mort de Marie-Antoinette. D'ailleurs, les buts de guerre des alliés sont moins de sauver la Reine que de se partager la France après s'être partagé la Pologne.

La levée en masse, *le 23 août, renverse le rapport de forces. Elle donne à l'armée révolutionnaire, conduite par des généraux sans-culottes, une supériorité numérique écrasante et bientôt un véritable empire sur l'Europe.*

Le procès de Marie-Antoinette est en tout point conforme à l'ancien droit salique *qui exclut les femmes de la couronne de France. Selon cette tradition, la Reine doit rester une mère qu'efface l'éclat des favorites : Maintenon ou Pompadour. Une reine osant affirmer sa domination devient vite, en France, une Messaline, une Brunehaut, une Frédégonde, une Catherine de Médicis.*

Marie-Antoinette sera moins jugée sur ses menées contre la République que sur son ascendant depuis 1770, depuis qu'« elle est venue s'asseoir à côté du dernier roi des Français ».

Fille d'une impératrice-reine, Marie-Antoinette est dauphine à quatorze ans et reine à dix-neuf ans. Elle va vite passer pour une arrogante, partout et en toute occasion : aux conseils politiques, même si elle reste invisible, aux cérémonies de cour, aux joies communes, que ce soit le jeu, les bals où son entrain étonne, enfin aux fêtes de Trianon où c'est elle, et non le Roi, qui fait les honneurs.

Vers 1780, les temps sont durs, c'est Marie-Antoinette qui distribue le peu qui reste de la munificence royale. Ceux qui n'en bénéficient pas se désespèrent et détestent la Reine.

Les journées révolutionnaires n'ont pas arraché à Marie-Antoinette la plus petite concession.

Le message de Marie-Antoinette est celui de Louis XVI, c'est le message de la Grâce. Très tôt, dès 1785, les deux souverains voient qu'ils ne peuvent remettre droit le char penchant de la royauté, dans un temps où la politique est livrée à la plaidoirie, à la controverse, à l'apologétique, bientôt à la Terreur. A ce chaos, Marie-Antoinette comme son mari répondent par un effort personnel de modération, de bonté, soutenu par la prière. Aide-toi, le Ciel t'aidera. *Louis XVI le dit à la duchesse de Polignac dans une lettre écrite avant la tragique journée du 10 août : « La Reine conserve sa santé par la possession de son âme. » Il fallait cet agenouillement devant Dieu, devant l'âme du Roi — maître d'élévation —, devant la sienne propre pour que Marie-Antoinette, trahie, insultée par les plus grossiers moyens, ne morde pas ses adversaires mais leur pardonne :* « J'ai tout vu, tout entendu, tout oublié *», dit-elle après la journée du 6 octobre 1789. Et avant, au moment de l'Affaire du Collier : «* Je me vengerai en m'efforçant de faire plus de bien que je n'en ai fait jusqu'à présent. *»*

La déchéance du Roi et de la Reine dans leur captivité et leur mort ne se mesurent que par la Grâce dont la partie visible et naturelle est leur amour l'un pour l'autre. Trahe me. *Comme me l'écrit le R.P. Charles-Roux, Louis XVI et Marie-Antoinette ressuscitent par leur amour dans l'état de la plus grande pureté. « Ils deviennent entre leurs quatorze ans [année de leur mariage] et leurs trente-huit ans [année de leur mort], l'un de ces couples d'âmes à la Polyeucte et à la Pauline, comme il en est bien peu en histoire. »*

A son procès, sa hauteur va croître en raison de son abaissement. Elle traversera Paris et montera à l'échafaud avec quelque chose de léger et de majestueux, sans jamais montrer que cette mort infamante lui fait horreur.

P.-S. *Ce livre est le récit de la captivité et de la mort de Marie-Antoinette. Les retours en arrière sur sa vie de Dauphine et de Reine arrivent isolément et par réflexion intérieure à mesure que son procès se déroule.*

Pour avoir une idée suivie et globale de la vie de Marie-Antoinette, il faut se reporter à la biographie d'André Castelot[1]*. L'auteur nous a livré bien des détails restés ignorés. Ces précieux renseignements soutiennent et alimentent la biographie la plus substantielle et la plus vivante qui soit.*

---

1. *André Castelot,* Marie-Antoinette, *Librairie Académique Perrin, 1982.*

Derniers mots écrits par Marie-Antoinette : « Mon Dieu, ayez pitié de moi. Mes yeux n'ont plus de larmes. » Enlevez « Mon Dieu », cela fait, par le chant et la plainte, un vers de Racine.

Montherlant, *Carnet XIX*.

Au milieu de la nuit du 2 août 1793, près de la prison du Temple, des passants reviennent des guinguettes. Brusquement, des crinières, des croupes, des têtes de chevaux, des cavaliers apparaissent. Les promeneurs se dissimulent dans une venelle. La nuit, les gardes nationaux n'aiment pas beaucoup rencontrer des civils.

La brigade à cheval précède et entoure une voiture de police. Tout ce monde est bien astiqué : les bottes et les sabres luisent, les soldats se tiennent raides comme des piquets sur leur cheval. Les uniformes noirs des municipaux se confondent avec l'ombre.

— Où vont-ils ?

— Va savoir.

— C'est une expédition patriotique ?

— Voilà, c'est tout. Nous ne savons rien.

— Il vaut mieux déguerpir.

Depuis quelques jours, la Commune et les sections de Paris annoncent « le troisième réveil de la liberté ». Ce réveil sera une bonne partie d'époussetage. Par la loi du 17 septembre 1793, les gendarmes pourront tirer des gens de leur lit pour les amener brusquement à la Conciergerie ou toute autre prison. Ces gens sont déclarés *suspects*. Un jour, ils passeront devant le Tribunal révolutionnaire [1] qui fera tomber sur eux des accusations qu'ils ne connaîtront pas et auxquelles ils seront loin de s'attendre.

Ces suspects à qui on prend souvent et la vie et leurs biens sont de tous les « états ». La Commune de Paris a pris soin de tracer leurs caractères et leurs comportements.

Il y a les aristocrates qui n'ont pas su quitter la France à temps et, y restant, ne démordent point de leur rang au lieu de se faire oublier ; il

1. C'est encore le Tribunal criminel extraordinaire, créé le 10 mars 1793 par un décret de la Convention. Il deviendra le Tribunal révolutionnaire par un décret du 29 octobre 1793.

y a les soldats ou officiers qui propagent de fausses craintes ou, au combat, n'ont pas su prouver leur mérite militaire ; il y a les gens de rien, de la canaille, pris sur les lieux de pillage ; il y a les commerçants qui stockent et pour qui la Révolution est le moment de s'enrichir ; il y a ceux qui, n'ayant rien fait contre la liberté, n'ont rien fait pour elle ; il y a ceux qui ont de l'esprit, du jugement, mais n'en font pas profiter leur section, soit parce qu'ils n'y vont jamais, soit parce qu'ils se plaisent dans leurs tourments, les font partager aux autres, alors qu'il faut propager les espoirs de la République. Suspects encore sont les domestiques toujours fidèles à leur maître, suspects les prêtres non assermentés, suspects les citoyens qui n'acquittent pas leur contribution patriotique, enfin tous ceux qui, refusant ou accomplissant mal le service qu'ils doivent à la garde nationale, mettent la nation en danger.

La philosophie politique du temps est simple : la République a donné l'élan, seule la Terreur peut le soutenir. La France doit s'imposer sa propre tyrannie pour se sauver du despotisme de l'étranger.

Au Temple, l'homme qui a dépêché la colonne de cavaliers et le fiacre est François Hanriot, général de la garde nationale parisienne.

Hanriot a accédé au poste de Santerre, le célèbre brasseur du Faubourg Saint-Antoine qui a démissionné le 17 mai 1793 pour prendre le commandement sur les champs de bataille de Vendée. Santerre a eu l'honneur de conduire Louis XVI à l'échafaud ; pour Marie-Antoinette dite la Veuve Capet, Hanriot fera l'affaire.

Fils d'un laboureur devenu domestique à Nanterre, le jeune Hanriot est allé à l'école, il peut se promener tête haute. D'abord clerc de notaire, puis commis à l'octroi de Paris, il a travaillé pour devenir chef de quelque chose. Il ne blague jamais, se poudre comme un marquis, s'habille à la Robespierre avec cravate et gilet soigné.

Le 12 juillet 1789, Hanriot voit arriver une émeute qui incendie les barrières. Il se met à la tête des manifestants ébahis devant ce fonctionnaire royal qui jette au feu tous les dossiers de l'octroi.

Hanriot sera arrêté comme incendiaire, mis en prison à Bicêtre d'où Marat, à qui on a raconté l'histoire, le fait sortir.

Promotion. Voici Hanriot greffier du comité sectionnaire du Jardin des Plantes, la section dite des sans-culottes ; puis il est commandant de sa section, enfin de toutes les sections après le 2 juin 1793. Son incursion dans l'Assemblée à la tête des sans-culottes et de la garde nationale a fait de lui, au moins dans le camp montagnard, « le sauveur de la patrie » contre le complot girondin.

A l'image de Hanriot, fonctionnaire policé, ce ne sont pas des malotrus ni des furieux qui vont réveiller la Reine, plutôt des administrateurs conciliants. L'un d'eux, Jean-Baptiste Marino, est peintre en porcelaine ; il se dit lui-même « loustic de profession » car il sait faire rire les membres des sections. Dans les prisons, il introduira un peu de douceur de vivre en créant une *mutuelle* où les prisonniers riches pourront améliorer l'ordinaire des plus démunis. Un autre, Jean-Baptiste Michonis, est limonadier, enfin, il y a Nicolas-Marie-André Froidure. Ces trois hommes seront guillotinés le 17 juin 1794. On les conduira à l'échafaud en chemise *rouge*, couleur des parricides. Ils sont accusés d'avoir comploté contre Robespierre, représentant et donc *père* de la nation.

Quelles mains ont conduit ces hommes à transférer Marie-Antoinette du Temple à la Conciergerie ? Hanriot et la Commune savent que le désordre du temps et la corruption régnante ont fait du Temple un moulin où entre qui veut. L'assassinat de Marat par Charlotte Corday le 13 juillet a aussi ému les milieux populaires. L'aide-bourreau, applaudi par la foule, a souffleté la tête coupée de Charlotte Corday. Les journaux ont aussi réagi vivement. Tous les émules de Marat, qui sont à la tête des quotidiens révolutionnaires, célèbrent sa mémoire et demandent que le sang de l'*Autrichienne* abreuve le culte de Marat.

Devant les administrateurs de la Commune, Marie-Antoinette montre une grande stupeur. Peut-être vient-on l'assassiner ? Non ! Il faut se lever et se tenir droit... Quelqu'un lit un décret de la Convention. Chaque mot frappe comme une balle. L'Assemblée ordonne qu'on instruise le procès de la Veuve Capet. Aussitôt, Madame Royale et Madame Élisabeth demandent à suivre leur mère et belle-sœur. Non, on ne leur accorde pas cette grâce [1].

Les gardes fouillent la chambre de Marie-Antoinette à qui ils prennent un miroir de poche, une bague en or enlacée de cheveux, un papier avec deux cœurs et des initiales, un portrait de Mme de Lamballe, deux autres portraits de femmes.

A l'insu des gardes, Marie-Antoinette a caché dans un petit gant de pécari un médaillon de son fils, un mouchoir et un flacon de vinaigre de peur que son cœur ne flanche.

A trente-sept ans, Marie-Antoinette n'a plus d'âge. Elle est belle encore avec ses longs cheveux grisonnants, mais son visage est d'une pâleur mate et froide, et, bien qu'il fasse chaud, ses lèvres sont bleues. Les yeux, qui autrefois enchantaient, sont tout marqués de sillons rouges : « Ils ne me restent que pour pleurer », dit-elle souvent.

Que les soldats la regardent s'habiller est *obligatoire*. Jamais on ne lui demande son avis. Depuis des semaines, au Temple, elle a appris à

---

1. *Récit des événements arrivés au Temple depuis le 13 août 1793 jusqu'à la mort du dauphin Louis XVII*, par Marie-Thérèse-Charlotte.

se mouvoir comme si elle n'était rien. Dans le train-train des jours comme dans la mort qui la guette, elle a acquis un autre savoir-vivre, elle sait qu'elle ne compte pas. D'ailleurs, ces hommes la voient-ils vraiment ? Non ! Ils ont trop en tête sa caricature repoussante représentée dans les libelles : la large bouche avide, les yeux durs, les joues trop maquillées, ses moues, ses singeries dont quelques-unes sont très rusées, sa gorge impudique, sa façon de cambrer la tête et la taille, les jupes amples et lourdes qui balancent les hanches comme un panier...

Marie-Antoinette n'a pas dit un mot avant le moment des adieux. Sans larmes, sans esclandre, elle embrasse sa fille qui n'a que quinze ans. Elle lui recommande de prendre courage, d'avoir bien soin de sa tante, Madame Élisabeth, de lui obéir comme à une seconde mère. Qu'elle se rappelle la voix et les mots de son père ; sur la mort, sur la vie éternelle, il lui a parlé comme s'il était le Seigneur. Il faut faire exactement ce qu'il a dit de faire : toujours lire et prier et, si elle ne reste pas toute sa vie coupée du monde, qu'elle fasse le bien, même à ses ennemis. Faire le bien honnêtement, c'est faire ce qu'il faut ; le faire à ses ennemis révèle une certitude prise dans le firmament.

Puis Marie-Antoinette se jette dans les bras de sa belle-sœur, elle lui recommande sa fille et son petit roi, son Louis-Charles que la Commune a confié à ce bougre de cordonnier Simon.

Pendant ce temps, Madame Royale, abasourdie par l'idée qu'elle ne verra plus sa mère, ne dit rien.

Marie-Antoinette est partie comme quelqu'un de pressé. Elle ne s'est pas retournée pour n'avoir pas à s'arracher à des mains qui voudraient l'étreindre.

Elle s'est arrêtée au bas de la tour, le temps que le concierge fouille dans ses dossiers et qu'on signe la levée d'écrou. En sortant, elle n'a pas vu que la marche du guichet est très élevée : si on ne l'enjambe pas, on se bute le front contre le haut de la porte.

— Cela vous a fait mal ?

— Oh ! non, rien à présent ne peut me faire de mal.

Marie-Antoinette est maintenant dans le fiacre avec les administrateurs de la Commune. Ciel d'août, ciel transparent, elle « revoit les étoiles »... Sait-elle que ce sont les derniers mots de *l'Enfer* ? L'air l'enivre. Le vent court sur la Seine.

A 3 heures du matin, la voiture pénètre dans la Conciergerie. Marie-Antoinette franchit un premier « guichet ». Là encore, comme au Temple, c'est une petite porte encastrée dans une grande. Cette fois, la prisonnière baisse la tête.

Avant de s'engager dans de tortueux couloirs, on assoit Marie-Antoinette chez le concierge. Elle va rester là pendant quelque temps sans que personne s'occupe d'elle.

A vrai dire, Marie-Antoinette ne s'intéresse pas à eux, elle songe. Ce soir, tout s'est déroulé avec une rapidité, une facilité, une politesse même qui l'ont surprise. Il y a une présence rassurante, celle de Michonis qui a tenté de la faire évader du Temple. C'est tout le contraire de ce qui s'est passé le 3 juillet 1793. Ce soir-là, au nom d'un autre décret de la Convention, des hommes sont arrivés à grands pas. Pour une mère, tout se sent, tout se sait... Ces hommes venaient lui enlever son fils. Elle s'est interposée entre les gendarmes et le lit de l'enfant effrayé par les menaces et la lumière.

Elle a crié :

— Vous me tuerez sur place avant d'arriver jusqu'à lui.

N'oubliant jamais les usages, le commissaire a voulu lire le décret. Il a vite compris qu'il ne pourrait parler. Marie-Antoinette a répété : « C'est un enfant, il a besoin de tout ce que seule une mère peut donner... C'est un petit bonhomme. »

Il n'est pas une mère qui n'ait la joie de vivre près de ses enfants. Il n'est pas d'enfant qu'on laisse sans famille. Il n'est pas de femme qui ne soit jugée sur l'amour, seule la présence et l'amour de ses enfants peuvent adoucir la mort d'une mère...

Cette nuit-là, Marie-Antoinette fut grandiose, elle a articulé nettement dans ses sanglots tous les droits de l'amour maternel.

Brusquement, elle s'est effondrée. Aussitôt, les commissaires sont allés au lit de l'enfant. Ils ont ordonné à Madame Royale et à Élisabeth d'habiller le Dauphin.

Des gardes avec des mains énormes retiennent Marie-Antoinette qui revient à elle et se débat encore. Elle a la force de dire à son fils : « Mon enfant, nous devons nous séparer. Rappelez-vous votre devoir quand je ne serai plus avec vous. N'oubliez pas le Bon Dieu et votre mère qui vous aime. Soyez bon, patient, honnête, et votre Père vous bénira au Ciel. »

Descendu chez le cordonnier Simon, gardien du Temple, promu *instituteur* du citoyen Capet, l'enfant va être installé dans la chambre qu'occupait le Roi. Il restera couché trois jours à même le sol, sans manger, sans boire.

Pendant un mois, chaque jour, la Reine va guetter le moment où l'enfant monte en haut de la tour. Malgré l'auvent au-dessus et autour de la terrasse, elle voit des silhouettes, jamais celle du bel enfant blond qu'elle guette. Ça ne fait rien, elle essaie aussi de surplomber par une fissure dans le mur le jardin où son fils va « gabouiller », comme il dit. Il n'en faut pas plus... Marie-Antoinette s'apaise.

Au Temple, seuls les porte-clefs avaient accès à l'appartement des princesses, pour apporter la nourriture et vérifier les verrous. Madame Élisabeth et Madame Royale faisaient les lits, balayaient la chambre et servaient la Reine.

Un jour, Marie-Antoinette a vu arriver un commissaire humain. Elle lui a rappelé le décret solennel :

« La Convention a déclaré que la nation toujours grande, toujours juste, prendrait soin de la famille du Roi. »

Poussé dans ses retranchements, le commissaire a parlé volontiers.

— Oui, l'Autriche vous réclame. Il est d'une saine politique qu'on vous rende à votre famille. Votre mort ou une détention plus longue, bien loin de servir la République, nuiraient à son affermissement [1].

— A Vienne, je ne serais pas autre que ce que j'étais au château des Tuileries. Mon cœur est trop rempli de la perte de mes enfants. Si le Ciel juge que je les ai perdus pour toujours, mon seul désir est de me réunir au Roi.

La Reine a aussi reçu la visite de Bertrand Barère venu poser des questions au nom du Comité de salut public. Barère s'est mis en tête de la faire écrire à son neveu, l'empereur d'Autriche. Qui se ressemble s'assemble. La République trouverait de bonnes raisons pour la

1. Montjoye, *Histoire de Marie-Antoinette Josèphe Jeanne de Lorraine, archiduchesse d'Autriche, reine de France*, Imprimerie H.L. Perronneau, Paris, 1797, p. 458.

faire partir si l'empereur ne se considérait plus en guerre contre celle-ci.

Elle a refusé. Barère s'est fâché : « Avez-vous bien compris ? Oui ? Tout bon, alors adieu. »

A la Conciergerie, le jour s'est levé. Marie-Antoinette est toujours dans les communs attenant au bureau du concierge. Sorte de tout-à-l'égout, ce lieu est empuanti d'odeurs de poussière, de tinettes, de pipi de rat. La concierge, qu'on appelle la femme Richard, attendait l'arrivée de la Reine. Marie-Antoinette la voit prendre de grosses clefs et s'enfoncer dans la prison comme au fond de la nuit.

A la Conciergerie, l'un des rares prisonniers qui ne soient pas dans un trou à rat ni dans un dortoir collectif est le général Adam Philippe, comte de Custine. Avec Dumouriez, il a sauvé le territoire, avant d'être le vaincu de Landau et de Wissenbourg. Robespierre lui aurait pardonné. Mais Custine est revenu de l'armée excédé. Il a osé dire aux jacobins, portés à se fâcher d'un tel propos, qu'il faut une dictature. Custine est bon pour la guillotine. Il va y monter le 28 août.

Le 4 août, Custine est délogé de sa cellule et on y met Marie-Antoinette. C'est une assez belle pièce, autrefois la *chambre du Conseil*. Les avocats y rencontraient les accusés qu'ils défendaient.

Dans la journée du 1er août, des ouvriers sont venus renforcer la porte de la cellule. D'autres ont épongé l'humidité qui ruisselle sur les murs et sur le sol en brique complètement pourri. Un lit de sangle, une table, deux chaises, voilà les meubles que trouvera Marie-Antoinette.

Vers 6 heures du matin, sous escorte de gendarmes, Marie-Antoinette a passé une grosse porte qui est plutôt un enchevêtrement de poutres couvertes de fer rouillé. Devant elle, s'ouvre un dédale de couloirs qui ne mènent nulle part. Partout, elle voit des gardes embarrassés de fusils. Depuis 1789, toute sa vie elle s'est trouvée entourée de gardes, les uns la portant aux nues, les autres murmurant, courroucés, et ruminant sa perte.

Elle passe devant des sortes de combes, des entailles dans les couloirs. C'est là, à deux mètres du sol, la *Souricière*, les cachots où vivent, accroupis contre le mur, ceux qu'on isole. La Souricière est surtout une ratière : « Vous n'imaginez pas comme ces rats aiment mordre », a écrit un prisonnier.

On pousse plus avant. Elle circule furtivement entre les cachots collectifs dont l'emplacement est entièrement occupé par une litière. La paille entassée, aplatie, rebuterait le museau des bêtes. « Les *griaches* où les prisonniers font leurs besoins exhalent une infection telle [1] » que, dès le matin, les gardiens font place nette. Ils permettent aux

1. P.J.B. Nougaret, *Histoire des prisons de Paris*, Paris, juin 1797, tome II, p. 8.

prisonniers d'aller dehors. Le *préau* est un corridor obscur dans lequel, même en plein jour, il faut allumer un réverbère. La seule lumière ici, c'est l'amitié. Sans l'amitié, il n'y aurait que solitude et terreur.

Au flanc et au-dessus du préau, il y a un labyrinthe de cellules. Là, les prisonniers peuvent vivre *à la pistole* ; pour avoir un lit, ils paient quinze à vingt-sept livres par mois. Le métier a ses bénéfices. En 1794, la Conciergerie sera considérée comme « le premier hôtel garni de Paris [1] ».

Traitée comme une « dame », avec beaucoup d'égards, Marie-Antoinette est conduite vers ce qui deviendra la cour des femmes au moment de la grande Terreur. Cette cour est pleine d'ombre, mais on y trouve une fontaine autour de laquelle il y a une grande agitation, un va-et-vient permanent. Après, c'est l'infirmerie. Ceux qui ne vont pas bien pensent qu'à l'infirmerie leur état s'arrangera. Ils se trompent. Tous les patraques de la prison fuient ce lieu. Les médecins soignent à coups de tisane pour chevaux des malades entassés à deux ou trois dans des lits jamais changés. « Laver les morts suffit. Les vivants, le diable s'en charge. »

A droite de l'infirmerie, Marie-Antoinette franchit quatre guichets. A gauche, il y a la chapelle,

---

1. P.J.B. Nougaret, *Histoire des prisons de Paris*, *op. cit.*, p. 16.

puis sa cellule. Une cloison en planches, ouverte au milieu, délimite une petite chambre basse d'environ cinq mètres de long et de large.

D'un côté, il y a la pièce des gendarmes armés de sabres et de fusils qui veillent jour et nuit. De l'autre, il y a la chambre de Marie-Antoinette avec, au ras du sol, une lueur, une ouverture donnant sur la cour. Le sol de ce réduit est en briques « posées de chant ». La Reine se plaindra de patauger dans cette poussière rouge qui souille ses chaussures.

Marie-Antoinette est si lasse qu'elle n'est pas fâchée d'être dans cette prison qui la dérobe à toute fatigue. Elle va s'habituer à ce lieu. Bientôt, elle n'a même plus le désir de sortir de cette lueur de vie, de ce demi-jour où elle se dit que la vie et la mort sont jeux de miroirs.

Le temps qu'on voudra, elle va se traîner de son lit à son fauteuil.

Les gardes, pendant un mois, seront souvent les mêmes. Ils se nomment François Dufresne et Jean Gilbert. Ce sont de braves gens, ils restent là, gardent la prisonnière, ne la quittent pas de l'œil et font en sorte qu'elle ne s'en aperçoive pas.

Depuis un an, la vie de Marie-Antoinette a été trop dure pour qu'elle s'attendrisse sur ses malheurs. Elle a appris à vivre dans le dénuement, au milieu de la lâcheté, des vexations et même de la cruauté. Pour elle, au Temple, Louis XVI a été un modèle. Il lui a enseigné le sacrifice qui est le bon usage de la souffrance.

Mme Richard, la femme du concierge, rassure « Madame ». Au mur, il y a un cadre moisi décoré de fleurs de lys lacérées. Mme Richard va tendre une tapisserie. Mais, sur le sol rouge trop piétiné, elle ne pourra pas poser un revêtement.

Si la cour n'est jamais ensoleillée, pendant l'étouffant mois d'août 1793, un peu de lumière jaune citron y miroite. Au milieu de cette cour, Marie-Antoinette aperçoit aussi une pierre. Là où Saint Louis distribuait les aumônes, les gardiens vendent de la nourriture et des fleurs. Les prisonniers se pressent autour de la fontaine. Ils tendent de petits gobelets, moins pour boire que pour se rafraîchir les tempes, la nuque, les yeux, les mains. A tour de rôle, ils peuvent tremper leur linge, atténuer l'odeur fade et sucrée du moisi.

Il ferait beau voir que Marie-Antoinette ait des *a parte* avec d'autres prisonniers. Près du soupirail, deux hommes montent la garde.

La prisonnière peut entendre les crieurs de journaux. On s'arrange pour qu'elle saisisse bien ce qui la concerne. Et il y a là de quoi la soumettre à rude épreuve. Tous ces textes des journalistes révolutionnaires fleurent l'odieux. Les gardiens, les prisonniers se demandent comment la Reine peut supporter ces pamphlétaires qui machinent le drame, prévoient l'horreur de son procès et de sa mort.

En août 1793, Hébert et son *Père Duchesne* sont dépassés par *le Rougyff* ou *le Franck en vedette*, journal fondé par un député du Pas-de-Calais, Armand-Benoît Guffroy — *Rougyff* est l'anagramme de Guffroy.

Tous les jours, Guffroy demande la tête du général Moustache (Custine), « qu'on le fasse jouer à colin-maillard » avec la guillotine. Guffroy veut qu'on organise en Vendée « une battue de bêtes féroces ». Puis, « toujours au pas de charge, qu'on juge comme une sans-culotte Marie-Antoinette, la tigresse ». « Elle sera encore mieux égale quand elle aura essayé le collier de l'égalité. Ça ne coûtera pas si cher que le *Collier-Rohan* [1]. La pauvre femme, elle aimait si fort son Capet qu'elle veut le suivre dans la mort... Dès l'origine, les Capet avaient la tête trop grosse. Eh bien ! tête à bas, tête à bas, madame Capet. Il n'y a que la guillotine qui puisse effacer vos grimaces

1. Rappel de l'histoire dite du « Collier de la Reine ». En 1785, Marie-Antoinette a été accusée dans des libelles d'avoir fait acheter par le cardinal de Rohan un collier de diamants. Sur cette affaire, deux hypothèses sont plausibles : soit que Rohan ait été lui-même un escroc, soit qu'il ait été joué par une intrigante, Mme La Motte-Valois. Les bijoutiers Boehmer et Bassanges se présentèrent à la Reine pour toucher le paiement du collier, sur des propositions qui avaient été faites en son nom. La Reine tomba des nues. Voir ci-dessus, p. 213.

et vous empêcher de nous faire la figue. » « La France a assez de cinq millions d'habitants », écrira Guffroy. Elle en compte alors vingt-cinq millions.

Au temps du procès des Girondins (29 octobre), comme dans *Fidelio*, les prisonniers de la Conciergerie chanteront le soir, surtout s'il y a des condamnés qui doivent monter dans la charrette le lendemain matin. Les chants, c'est la seule légitime défense admise. Les réactions à l'annonce de la peine de mort sont imprévisibles. Certains condamnés se disent : il faudra et, demain, ce sera chose faite. D'autres deviennent blêmes, à croire que leur tête a déjà été tranchée. Certains deviennent méchants. Leurs yeux flamboient, leurs bouches se tordent, ivres du besoin de mordre. Mais, si l'un chante, tous peu à peu entrent dans une sorte de transe. C'est un bouleversement complet. Pour les condamnés, ce chœur improvisé, c'est la *marche à suivre*. Ils sont consolés dès qu'ils sentent le peu de rapport entre leur jeunesse et leur destin, entre leur vie propre et les fautes qu'on leur prête. En août 1793, la Conciergerie est encore la prison des voleurs et des assassins, quatre cents au plus et qui, entre eux, ne sentent aucune fraternité.

Sur la Reine captive, Lafont d'Aussonne a mené une enquête auprès du personnel de service. Ces gens sentaient Marie-Antoinette extrêmement faible et l'ont traitée comme si elle relevait de maladie. Mais ils savaient que si on flairait de la complaisance, de l'empressement à servir, dans l'instant ils se retrouvaient en prison. Pour les aider, les Richard avaient des servantes. Certaines seront encore en vie sous la Restauration et la monarchie de Juillet.

Des chroniqueurs ont fait parler ces personnes obscures vivant souvent dans des hospices. Toutes diront qu'elles ont pris soin de la Reine ; toutes ont été extrêmement agréables pour la prisonnière. La Reine leur parlait avec une grande gentillesse. Elles répondaient de même. « Mais ces messieurs [les gardes] demandaient un peu de discrétion. Si nous avions été renvoyées, de méchants gardes auraient pris notre place. »

Du 2 août jusqu'au 11 septembre, la Reine est au régime commun. Un ancien bagnard condamné pour vol, Jean-Pierre Barassin, parent des Richard, assure le service. Avec une reine, Barassin, qui passe son temps à assommer les rats, n'a pas exactement l'art et la manière. Il peut commettre des impairs sans le vouloir. Dans la Conciergerie, Barassin *argote*. L'on s'amuse de ses sorties devant lesquelles on reste pantois :

Aboule, le prisonnier doit comprendre qu'il convient de regagner sa cellule : « As-tu des *jaunets* ? » signifie as-tu des écus. « Je vais t'*entifler* » signifie que Barassin menace de donner des coups. « Prends ton *fafiot* » est une façon de dire adieu au prisonnier qui doit prendre le soir son acte d'accusation pour le lendemain matin.

La guillotine est restée pour Barassin ce qu'était

la potence au bagne. Elle est « le hussard de la veuve » ; l'on doit y marcher sans *queremomie*, sans jérémiades.

Tous les matins, Barassin vide le seau hygiénique de Marie-Antoinette, nettoie la cellule et fait brûler du genièvre, rapport aux odeurs. Devant Barassin, comme avec ses gardiens, Marie-Antoinette se montre distante. C'est son armure.

En août, les repas sont servis par Mme Richard qu'aide Rosalie Lamorlière. Marie-Antoinette n'est pas portée sur la bouche. Mais des ordres ont été donnés. Privée de ses enfants, ahurie par la prison, il ne faut pas qu'elle passe au travers d'un seul repas. Qu'on ne la laisse pas dépérir. On ne peut réduire à l'eau fétide et au brouet une personne qui va être appelée à se défendre devant le Tribunal révolutionnaire. Et surtout, qu'elle ne *décède* pas avant la guillotine...

Les Richard ont mis en train un service qui assure à la Veuve Capet une volaille tous les deux jours, des légumes, des fruits, le tout agrémenté de quelques fleurs.

Marie-Antoinette a couvert de « caractères grecs » qu'elle trace au couteau l'assiette d'étain qui sert pour ses repas [1]. C'est pour elle le seul

1. Selon Anaxagoras Chaumette, qui s'est approprié cette assiette pour la vendre, ces « caractères grecs » sont des phrases allemandes et italiennes — les deux langues, avec le français, que Marie-Antoinette parlait couramment.

moyen d'écrire. On ne lui a laissé ni plume ni crayon. Quand le couteau et l'assiette lui sont enlevés, elle incruste des mots dans le mur en se servant d'une épingle qu'elle cache soigneusement.

Qu'a-t-elle écrit ainsi ?

Des prières que sa belle-sœur lui a apprises et qu'elle ne veut pas oublier pour pouvoir se les redire le soir où elle reste dans le noir, à peine éclairée par la lueur mate du réverbère de la cour.

Elle a aussi écrit la commémoration de toutes ses afflictions depuis la mort du grand Dauphin pendant l'été de 1789. Comme l'a fait son mari, elle veut reconnaître dans ses malheurs une grande miséricorde de Dieu. Se rappeler ses souffrances lui donne une particulière dévotion à adorer tous les jours le dernier soupir de Jésus-Christ sur la Croix. Elle espère ainsi que Dieu lui procurera, comme il l'a donnée à son Fils, la grâce de la persévérance, cela jusqu'au dernier soupir.

S'occuper est le souci constant de Marie-Antoinette. S'occuper de jour, de nuit, sinon les mauvais rêves ne s'arrêtent pas. Au moyen de deux cure-dents et de gros fils qu'elle a pu arracher de la tapisserie murale, Marie-Antoinette confectionne des lacets. Après plusieurs semaines, elle a fait un petit ouvrage « pour sa fille ».

Elle a aussi « rapiéçoté » comme elle a pu sa

tenue de veuve. Il a fallu l'aide d'une servante complaisante pour coudre une bordure neuve, rendre présentables la robe noire et la pelisse de satin qui tombent en lambeaux.

L'état de son linge la préoccupe fort. Elle a demandé un carton pour « serrer » trois chemises dont les broderies s'effilochent et se défont au lavage. Mauvais signes. Les hémorragies utérines continuent. A croire qu'il ne lui restera plus de sang si elle vit encore un peu. Morceau par morceau, Mme Richard et Rosalie lui apportent des bouts de linge. Elle les met en cachette sous ses jupons, quand ses gardes jouent aux cartes. S'ils savaient, ils pourraient se moquer d'elle. Les hommes oisifs se réjouissent de pas grand-chose.

Pourtant, le soir, ces gardiens insouciants la soutiennent. Après tout, ils veillent sur elle. Elle l'admet volontiers. Elle trouve quelque plaisir à les entendre rire d'un rien. Elle fixe le petit rond de lumière sous lequel ils jouent au piquet pendant qu'elle met sa camisole de nuit.

En prison, on finit par s'intéresser au *très peu* que le temps qui s'écoule modifie. Marie-Antoinette guette la lisière du jour dans le soupirail, la silhouette noire des gardiens veillant dehors. Elle fait miroiter une petite glace que Mme Richard lui a procurée. Elle reste beaucoup couchée, ce n'est pas de la paresse mais l'abandon de la lutte inutile, l'abandon à *la merci* de Dieu.

Quand elle veut faire quelques pas, c'est cinq

pas d'un côté, cinq de l'autre. Marcher devient vite une thérapie périlleuse, un va-et-vient qui donne le tournis. Alors, elle s'assoit et fixe les briques posées sur le sol. Selon l'heure, ces pierres jettent une lueur tantôt douce, tantôt éclatante, parfois une brusque flamme rouge. Elle a tout d'un coup la révélation que ce qu'elle voit n'est qu'un trompe-l'œil, que l'essentiel est installé dans un souvenir confiné. Elle revoit Trianon, ses allées droites, ses marches de marbre rose, les bosquets étincelants, la tremblotante lumière qui tombe des arbres opinant dans le vent. Elle sent tout cela comme un *rappel à l'ordre*.

En la condamnant à l'inaction, la République fait injure à sa dignité. Cela décuple l'importance des moments où elle s'habille, ceux où elle coiffe ses longs cheveux, ceux où elle s'exhorte à bien respirer pour « prendre l'air », ceux où elle cède à des mouvements de tendresse et revoit pêle-mêle les morts et les vivants : sa mère, ses enfants, son mari et Fersen qui, à Bruxelles, se demande comment il va pouvoir la sauver.

Au fond, la peur est devenue son état naturel, une peur insurmontable. Tout ce qu'elle peut faire est d'empêcher que ce trouble ne paraisse au-dehors et de le calmer au-dedans par un abandon entier à la grâce de Dieu.

Aux personnes qui la gardent ou la servent, Marie-Antoinette ne parle jamais de ses angoisses.

Toutes ces femmes ont ou connaissent des enfants. Les femmes entre elles parlent toujours des enfants. Si on évoque son mari, Marie-Antoinette dit : « Il n'a jamais été heureux, il l'est pour l'éternité. » Mais si on lui parle de ses enfants, elle se met à trembler des pieds à la tête et tombe dans une agonie de désespoir qui dure des heures.

Elle reste parfois neuf ou dix jours sans voir d'autres personnes que les domestiques et l'administrateur Michonis qui se montre de plus en plus causant. Puis, brusquement, une nuit, elle entend du bruit. Elle fixe avec anxiété la porte de son galetas. C'est sûr, des municipaux vont entrer. Ils la conduiront devant quelque tribunal dont l'impatience et l'indiscrétion la feront trébucher dans ses réponses. Surtout, ne pas perdre, en parlant trop, ceux qui l'ont aimée et aidée. Ne donner à ses juges aucun témoignage de créance, qu'elle s'en tienne à son impuissance, à ses ignorances.

Ses juges en savent plus qu'elle sur ce dont on l'accuse et qui est souvent insensé : un sillon dans la boue. Les juges ont dû collectionner les libelles qui, depuis vingt ans, réduisent l'*Autrichienne* au dernier degré de l'abjection.

Qu'importe ! Elle se sent *au-delà*.

La seule raison d'être d'une fin de vie, c'est de pouvoir se regarder sans rougir. Si elle le faisait avec orgueil, il y aurait quelque présomption ; Marie-Antoinette le fait sans honte, objectivement, comme une simple confrontation.

A-t-elle pu faire du mal en son nom propre, de son plein gré ? Elle ne le croit pas. Elle n'a jamais existé pour elle.

Fille d'empereur, dauphine, reine, prisonnière, sa vie n'a été qu'une longue accommodation aux rôles qu'on lui a fait jouer. Elle n'a été qu'une actrice, sans entracte, sans relâche... Tout au plus a-t-elle surpris souvent chez elle, au gré des circonstances inattendues, une réaction d'enfance, une surprise de nouveau-né. Ce qui arrivait, elle n'en croyait pas ses yeux. C'était une nouvelle naissance...

Maintenant, dans sa prison, elle est seule avec ses souvenirs en présence de l'Éternel. Ce qui l'intéresse, c'est de savoir jusqu'à quel point son destin de reine l'a dépersonnalisée. A quelles obligations a-t-elle été soumise, même si elle a essayé parfois d'y échapper, tantôt avec fureur, tantôt avec désinvolture et ironie ?

Il y a d'abord sa mère, Marie-Thérèse, archiduchesse d'Autriche et impératrice, reine de Bohême et de Hongrie. Cette grosse et puissante dame a longtemps représenté pour elle l'ordre impérial, les grandes pièces dorées, les lourdes pendules à sujets pompeux avec leurs coups de balancier. Les braises qui craquaient dans la cheminée. Les grands fauteuils à accoudoirs... Sa mère lui a aussi appris la coquetterie. Créer la mode est pour une souveraine la manière la plus facile d'épater les foules... Regardez un peu mes robes, mes coiffures, vous y verrez épanouis les atours les plus cotés, les plus enviés, l'estampille même du rang que j'occupe sur terre.

Enfant, adolescente, sa vie s'est passée dans le monde turbulent de ses quinze frères et sœurs où elle avait un succès fou car elle était l'une des plus jeunes, celle avec qui on joue à la poupée. Dans ce monde de jeunesse, elle se relâchait. Chez l'impératrice, elle se contrôlait.

Entre deux ministres avec qui elle expédiait les affaires courantes, Marie-Thérèse recevait sa fille. Personne n'était capable comme l'impératrice de distiller les flatteries. Complimenter, louer « son Antonia », puis la serrer sur ses gros seins, contre sa taille si pleine, c'était pour Marie-Thérèse un moyen de voir sa fille rapidement. L'enfant riait, prenait les baisers tendrement et décampait, pressée de retourner jouer.

Quand l'adolescente dans Marie-Antoinette eut pris son galbe, Marie-Thérèse n'a pas cessé d'éclairer sa fille sur les avantages de sa nature, de son sexe, de sa dignité : « Dieu vous a comblée de tant de grâces, de tant de douceur et de docilité, que tout le monde doit vous aimer. »

Et c'est vrai, *Antonia* à douze ans, à treize ans, sait recevoir très joliment son monde, dit à chacun quelque chose de poli et de gracieux. Qui danse mieux qu'elle ? Le danseur Noverre est venu exprès de Paris pour la former à tous les rythmes. Qui a mieux senti qu'elle la force et la puissance de son maître de musique, Gluck, qu'elle a admiré enfant ? Plus tard, à Paris, elle fera le succès des deux *Iphigénie* et d'*Orphée*.

Comme le doit une archiduchesse, elle a appris les langues. D'abord l'italien avec Métastase, et cette langue se confond pour elle avec le plaisir de chanter. Pour l'allemand et le français, elle a tiré le maximum de ses gouvernantes, Mme de Brandeiss et la comtesse de Lerchenfeld. Ce maximum assuré par les éducatrices est malheureusement une invitation à la paresse. Les gouvernantes sont priées d'écrire les textes au crayon, après quoi Marie-Antoinette repasse dessus à l'encre. Si l'écriture et l'orthographe ne sont pas le fort de l'élève, la pratique fréquente de la diction et le plaisir qu'elle prend à jouer des rôles de théâtre lui ont donné une grande étendue de vocabulaire, une justesse de langage, un esprit de finesse, des dons de repartie qui tiennent de la sorcellerie.

La voyant si habile à mener l'escrime éblouissante de la conversation, sa mère lui a toujours prêché la discrétion :

— N'ayez point de curiosité ; c'est un point dont je crains beaucoup à votre égard. Évitez toutes sortes de familiarité avec de petites gens... Répondez agréablement à tout le monde avec grâce et dignité : vous le pouvez si vous voulez. Il faut savoir refuser.

Des tractations diplomatiques qui ont précédé son mariage avec le dauphin de France, Marie-Antoinette n'a rien su. Au moment voulu, on lui a présenté ce mariage comme une harmonie préétablie entre le grand empire des Césars et le plus beau, le plus riche, le plus peuplé royaume du monde.

Marie-Antoinette a quatorze ans et quatre mois quand elle quitte Vienne, le samedi 21 avril 1770. Cinquante-sept voitures suivent ce voyage fantastique où l'on s'est ingénié à ressusciter des dames d'atour, des chevaliers du temps jadis pour accompagner une fiancée devenue une *Psyché* royale, une *Vénus* couronnée qui, dans les campagnes, ne va rencontrer que des bergers d'opéra et, dans les villes, la fleur de la bourgeoisie. En Allemagne, le cortège couche le plus souvent dans des abbayes pour que la Dauphine fasse ses prières dans la présence de Dieu.

Arrivé en France, c'est une autre chanson. La ville de Strasbourg s'est montrée ravie que quelque chose de grand se couve dans ses murs.

« La remise » a lieu, le 7 mai, sur une île, dans une maison qui, ayant une entrée en Allemagne, ouvre, de l'autre côté, sur la France.

Après une heure de discours, après des signatures d'actes sur une table qui représente la frontière, après des protocoles divers, Marie-Antoinette doit traverser deux pièces avant de déboucher sur le territoire français.

La naïveté tient parfois lieu de génie. Abandonnée par toute sa suite, reçue par le comte de Noailles qui parle gravement entre ses deux commissaires, Marie-Antoinette, dès qu'elle a vu la porte s'ouvrir à deux battants, s'est jetée dans les bras de celle qui doit être sa dame d'honneur, la comtesse de Noailles. Elle lui demande « les larmes aux yeux et avec une franchise qui part de son cœur, de la diriger, de la conseiller, d'être en tout son guide et son appui[1] ».

Marie-Antoinette tombe mal. Mme de Noailles n'aime pas les élans et souhaite le respect de l'étiquette. Aussitôt, elle rétablit l'équilibre. Elle présente à Marie-Antoinette, cette fois tenue à distance, ses dames d'atour. Ces monuments de fierté sont les douairières qui ont servi, sous le règne de Louis XV, la défunte Marie Leszczynska.

Puis, c'est le voyage de Strasbourg à Compiègne où la *Psyché* autrichienne doit rencontrer l'*Amour* royal. Le passage de la Dauphine ameute les populations. Marie-Antoinette n'en croit pas ses yeux. Elle entre dans des villes en fête comme elle n'en verra plus ici-bas. Elle passe sous des arcs de triomphe couverts de fleurs merveilleuses, les nuits sont transformées en jours par des feux d'artifice, les cloches des églises sonnent, les drapeaux claquent, les fanfares sonnent, les tambours tonnent. L'après-midi, des expositions montrent quantité d'ustensiles de toutes formes, de toutes marques.

---

1. *Mémoires de Madame Campan*, Mercure de France, Paris, 1989, p. 46.

Passons sur les discours, les poèmes de circonstance, les sermons, les repas effrayants...

De longs arrêts sont nécessaires.

Il est vrai qu'à force d'user les chevaux — plus de vingt mille depuis Vienne —, le cortège sent vraiment trop la bête, les harnais, la graisse de roue, le fer chaud et la corne brûlée.

Le 14 mai 1770, le duc de Choiseul a obtenu sans difficulté aucune d'être le premier à accueillir la Dauphine à l'orée de la forêt de Compiègne. C'est justice ! Choiseul a fait preuve d'opiniâtreté pour prouver aux deux cours, de Vienne et de Versailles, que ce mariage sert l'Europe et la fera régner sur le monde.

On avait dit aux trompettes et hautbois d'entonner tour à tour des hymnes éclatants ou charmants quand le carrosse fleuri d'or de la Dauphine s'immobiliserait. Louis XV se sent captivé, capturé quand il voit apparaître une charmante enfançonne qui n'a qu'un soupçon de gorge. Timide et soumise, l'enfant s'est jetée aux pieds du Roi qui l'a aussitôt prise dans ses bras, l'a embrassée, caressée. Près de Louis XV, Marie-Antoinette découvre le Dauphin, grand garçon de quinze ans, maigre, pâle, gauche, la vue si basse qu'il semble ne pas voir celle qui va devenir sa femme. Louis-Auguste n'est pas laid, mais il lui manque ce charme, cet attrait qui suffit à retenir l'attention. En plus, il a l'air d'être là en corvée.

Ce qui est affreux, quand on est déçu par

l'être que l'on doit aimer, c'est qu'il est impossible de se plaindre de lui à qui que ce soit.

Le 16 mai, les deux adolescents sont mariés par l'archevêque de Reims. Ils ont assisté à des fêtes merveilleuses, sans vraiment y participer. Autour d'eux, des nourritures exquises ont été offertes aux gens du monde et ils ont regardé défiler les plats, à la façon des Sages antiques allant aux banquets où ils ne pouvaient se dispenser de paraître.

Le matin, leurs gens d'atour ont entouré les corps du Dauphin et de la Dauphine des soins les plus attentifs ; par une sorte de souci de netteté, on a épilé leur sexe. Il faut que ce couple soit comme le jeune Adam et la nouvelle Ève.

Le soir, à minuit, c'est le Roi qui passe sa chemise au Dauphin, la duchesse de Chartres revêt la Dauphine de ses vêtements de nuit. Pour bien montrer que ce spectacle, qui pourrait paraître scabreux, est inspiré par les anges, l'archevêque a béni le lit nuptial. Les nombreux assistants vont s'agenouiller quand, les époux ayant pris place dans la couche, on va tirer les courtines.

La Dauphine est-elle stérile ? Le Dauphin est-il impuissant ? Ce ne sont pas les hypothèses qui manquent. Sept ans après son mariage, en 1777, la Dauphine devenue reine, et qui a vingt et un ans, est toujours vierge.

Les jours, les années ont passé. L'on n'a pas cessé de se demander à la Cour comment Louis et Antoinette, si différents l'un de l'autre, peuvent se supporter. Aucun lien ne semble possible entre ces deux mariés qui ne font même pas lit commun.

De 1770 à 1774, la monarchie française est engagée dans une terrible guerre civile, guerre de « coups de majesté » contre les « remontrances » des parlements, guerre de papiers cachetés avec parlementaires arrêtés et transférés en province. Ses premiers pas vers le pouvoir, le Dauphin les fait comme dans une mêlée. La royauté est aux prises avec des juristes puissants et querelleurs qui s'attribuent deux pouvoirs fondamentaux : la conservation des lois et leur exécution. La main de justice veut briser le sceptre du Roi.

Tout ce bruit, qui se répand dans le silence des exils et des conjurations sourdes, est inquiétant.

En décembre 1770, Choiseul va être renvoyé :

— Les principes de Choiseul sont trop contraires à la religion et par contrecoup à l'autorité royale, a dit Louis XV.

— Le Roi, en lit de justice et par des lettres de jussion, a mené à la baguette le Parlement de Paris : si le Roi commande, tous ses sujets lui doivent la plus parfaite soumission.

— Pour la première fois, le Dauphin est

sollicité de donner son avis : « Cela est beau, dit-il, voilà le vrai droit public. »

— 1771, le Roi décide un édit qui supprime la vénalité des charges et promet la gratuité de la justice. C'est la fin d'une caste judiciaire, décidée à usurper le pouvoir et à s'entremettre sans cesse entre le Roi et la nation.

— La noblesse s'émeut. En accord avec les parlements, elle rédige un manifeste que le Roi fait jeter au feu.

— Le Roi interdit aux princes et aux nobles signataires de s'approcher du lieu où serait sa cour, de paraître devant sa personne et de voir aucun membre de la famille royale.

A mesure que les charges de l'État pesaient sur lui, la morosité du Dauphin augmentait. A la chasse, dont il attendait une diversion, il prenait de plus en plus de risques. Ses compagnons avaient l'impression de suivre dans ces courses folles la trace de ses chagrins, comme on suit un blessé à la trace de son sang.

Le 13 avril 1771, en présence du Dauphin et de ses frères, un nouveau grand Conseil qui fait fonction de Parlement s'est réuni.

Depuis 1769, le pouvoir financier est dans les mains de l'abbé Terray. L'abbé est « effrayé du danger imminent dans lequel l'État se trouve ». Si le pays est riche, si le Trésor est pauvre, il faut convaincre chaque particulier que la richesse du royaume se trouve dans la fortune de chacun. L'abbé Terray est le premier des « niveleurs ».

Il veut faire payer les riches. Ce ministre qu'on trouve révoltant est seulement un mathématicien. Avec Choiseul, 2 et 2 faisaient 5 ou 3 ; avec Terray, 2 et 2 font 4. L'abbé fait baisser le taux des emprunts, diminue les rentes, supprime les charges, réduit les pensions. Il procède à des réajustements d'impôts, il fait payer tous « ceux qui se trouvent dans une trop grande disproportion de ce qu'ils devraient payer ».

Avec Terray et Maupeou, Louis XV veut ramener la monarchie à un rôle de service public *pauvre mais honnête*, pour qu'elle demeure juste et indestructible. En quelques années, la France passe de la monarchie féodale à l'absolutisme étatique. Le Roi est honni par la Cour, par les parlements, par tous ceux qui ont quelque bien. Les noblesses d'épée et de robe chargées de le servir et de combattre pour lui veulent le juger. Cette noblesse prête à se battre contre son souverain donne au tiers état l'occasion d'arbitrer le combat.

1774, à soixante-cinq ans et en quelques jours, le roi Louis XV meurt, à la grande satisfaction des autorités du royaume qui étaient prêtes à le tuer comme un chien.

Louis XVI hérite d'un monde où les philosophes et les juristes ne parlent que de liberté et d'égalité, où des bourgeois flattent le peuple mais n'aspirent qu'à arrondir leur fortune, où des nobles comptent leurs aïeux depuis les Francs pour revenir à une mythique royauté mérovingienne — le Roi alors n'existait qu'entouré de son *Conseil*.

Depuis que le parlement de Rouen en 1768 a lancé un pamphlet intitulé : *Dénonciation d'un pacte de famine*, on ne doute pas dans le peuple que les rois en France stockent les grains et spéculent sur la cherté du pain. Ce qu'ils tirent de la misère des pauvres, les rois le dépensent en *orgies* : Louis XV se livre à des folies avec des « femmes de fange » au Parc-aux-Cerfs, et Louis XVI ouvre le Trésor royal à sa femme pour aménager le Petit Trianon.

L'esprit de justice et de charité existe peu. Nombreux sont les marginaux, les errants, les bandes qui vivent de chapardage et parfois des aumônes que le Roi ou l'Église accordent après des hivers rigoureux.

Parce qu'il a l'idée de l'énorme inégalité des conditions de vie, Louis XVI nomme un parfait fonctionnaire royal, Turgot, intendant de Limoges.

Mais Turgot va trop vite et trop loin. C'est un « précipitationniste ». Il veut faire de la France une monarchie constitutionnelle.

— M. Turgot, dit Louis XVI, se croit moi et je ne veux pas qu'il soit moi.

Et le Roi ajoute :

— On voit bien ce qui est, mais on ne voit qu'en idée ce qui n'est pas ; et on ne doit pas faire des entreprises dangereuses, si on n'en voit point le bout.

Turgot est renvoyé le 12 mai 1776. Marie-Antoinette a-t-elle préparé sa chute ? Si elle s'est défendue de se mêler des affaires de l'État, elle a toujours trouvé Turgot d'un abord difficile et il s'est rendu si insupportable à ses yeux qu'elle l'eût bien fait mettre à la Bastille.

Il faut excuser la Reine.

Dans les malheurs du temps, elle veut rester gaie, vivante, en abordant la vie avec frivolité. Dans toutes ses lettres, sa mère, Marie-Thérèse, lui fait reproche de s'occuper d'amusements puérils, de bals, de conversations niaises, de s'enfermer avec ses petits groupes d'amis dans une tendresse singulière.

En vérité, la Reine s'étourdit...

En 1777, depuis sept ans, Marie-Antoinette a dans sa vie privée les plus grands soucis. Elle ne veut pas déshonorer son mari en se plaignant, mais lui continue en amour à être un puceau. Une chanson fait rire à gorge déployée Versailles et Paris :

Chacun se demande tout bas :
Le Roi peut-il ? Ne peut-il pas ?
La triste Reine en désespère,
Lère là.
L'un dit : il ne peut l'ériger ;
Un autre : il ne peut s'y nicher ;
L'autre : il est flûte traversière ;
Lère là.

Ce n'est pas là que le mal gît,
Dit le royal clitoris,
Mais il ne vient que de l'eau claire.
Lère là.

Au cours des rares nuits qu'ils passent ensemble, le plus souvent à Marly, le Roi « érige » mais douloureusement. « Son outil », comme on dit dans la langue du temps, ne « besogne » pas, ne pénètre qu'à moitié. Il ne provoque chez sa femme « ni sang ni blessure ». Les servantes sont interrogées. Elles certifient que le Roi « laisse sur sa chemise des traces de son artillerie ».

Le Roi s'est accoutumé à cette séparation. Quand sa femme l'interroge, il se dérobe :

— Vous voyez que j'ai tant de torts que je n'ai pas un mot à vous répondre.

Elle aussi est gênée. Que n'aurait-elle point à dire en parlant de son couple ? Mariée à moins de quinze ans, si, les premières nuits, elle a essayé de céder au devoir conjugal, c'est en petite victime. Personne ne l'a prévenue des douleurs que peut provoquer « l'outil » du Roi. L'accouplement était un supplice et « sa citadelle demeurait fermée ».

Le frère de Marie-Antoinette, l'empereur Joseph II, doit venir à Paris. C'est lui qui va apprendre à la Reine qu'avec son époux, à défaut d'être une grande amoureuse, elle doit, au moins, se montrer maternelle. C'est Joseph aussi qui va décider Louis XVI à accepter l'opération. Un coup de bistouri va faire du Roi un autre homme.

mis aucun obstacle, conçu aucun soupçon propres à mettre un frein aux plaisirs de la Reine. Il est vrai que le poids de la vie politique rend tout le reste accessoire.

Le Roi montre à la Reine une adhésion constante. Il s'abîme dans un amour qui l'amène à partager tous les espoirs de devenir père de famille.

Il offre à sa femme un cœur en or, enrichi de brillants et de rubis. Est-ce suffisant ? Il voit la Reine silencieuse, immobile, ayant d'autant plus de mérite à s'ennuyer qu'elle a jusqu'ici calmé sa sensualité insatisfaite en se livrant aux distractions dont elle raffole. Le Roi propose en décembre de faire le carnaval en avance et, cette fois, dans les appartements de la Reine.

— A découvert ?

— Non, avec des masques.

— Très volontiers, à condition que le Roi entre avec les autres et n'en porte point.

Un soir, alors qu'elle sommeille, la Reine voit entrer le Roi dans son habit ordinaire. Elle est loin de se douter que, dans l'antichambre, les gardes se tiennent les côtes. La farandole entre, elle n'est pas conduite par le premier venu. C'est le comte de Maurepas en personne, soixante-seize ans, habillé en Cupidon, sa femme en Vénus qui tourne comme une toupie, Sartine, ministre de la Marine, quarante-huit ans, habillé en Neptune, Vergennes, ministre des Affaires étrangères, cinquante-sept ans, avec un globe sur la tête, une carte de l'Amérique sur la poitrine et une carte de l'Angleterre sur le dos. Le prince de Soubise en Chinois, le maréchal de Richelieu en Triton, le maréchal de Biron en druide, le duc de Cossé en vizir dansent le menuet avec leurs femmes. Des menuets dont chaque pas, sur des jambes qui se dérobent, est une aventure pleine de risques. Ça n'est pas très grave. La Cour qui les suit a leur âge. Cette Cour assommante, depuis des années trouve que Marie-Antoinette ne donne que le mauvais exemple.

Marie-Antoinette croit à un cauchemar. Depuis sept ans, ces gens n'ont pas pu faire grand-chose contre elle ; son mari l'aime trop pour la désavouer. Mais ces gens l'ont regardée vivre, ils ont fait des mots. Ces mots, répétés à l'infini, ont nourri des libelles écrits sous le signe de l'outrecuidance, de la réprimande sentencieuse, ou même du ricanement abject.

A la Conciergerie, en 1793, Marie-Antoinette, plongée dans un demi-sommeil, se souvient de tous ces masques. Elle voudrait les mettre à la porte, mais ils la cernent. Ces masques forment une conjuration qui vient de loin. Elle voit là tous ses ennemis penchés sur elle. Ses juges, ce n'est pas seulement le Tribunal révolutionnaire. Ses juges sont ses vieux ennemis de la Cour et du royaume.

Pendant quelques secondes, elle cherche l'air, elle porte sa main à sa gorge comme si toutes ces ombres, ces faux témoins, étaient là pour l'étrangler.

Marie-Antoinette revient à elle.

Des bruits dans la prison annoncent souvent l'arrivée inopinée de municipaux. Ils entrent avec fracas pour fouiller, ils culbutent les meubles, retournent le lit, vident le carton où Marie-Antoinette range son linge, tâtent ses vêtements, à la recherche de l'argent qu'elle peut cacher ; ils soulèvent les briques du sol.

Dès le début, ces fouilles ont très mal tourné. On lui a pris deux bagues de diamants, sa montre et son anneau de mariage.

Parfois, les municipaux viennent avec des architectes. Ils ont tous l'air sombre de gens promus à une haute responsabilité. Ils vérifient la solidité des barreaux. Ils tapent ici et là sur les murs avec l'idée qu'on peut faire un trou à coups de pioche. Qui a les clefs de la cellule ? La sécurité exige qu'on change les serrures tous les deux ou trois jours.

Il arrive que les municipaux aient le mot pour rire.

— Si vous avez à décamper, ne sortez pas par où vous êtes entrée.

Quand les inspecteurs sont intelligents, les visites traînent. Ils flairent mille complots, des choses qu'ils imaginent mal et auxquelles ils sont loin de s'attendre. La Conciergerie n'est pas sûre. Il y a là trop de prisonniers. Les soldats, peu nombreux, sont mal armés, faciles à intimider.

— A y réfléchir, Antoinette était mieux gardée au Temple.

— Bah ! Ici, elle ne prendra pas racine.

Le Comité de salut public et la Commune ont envie d'en finir avec la Veuve Capet. Le Paris d'août 1793 est rempli de nobles errants, prêts à tout car « ils vivent bras dessus, bras dessous avec la faim ». Ils forment des hors-la-loi de premier ordre.

Il y a aussi des bourgeois en rupture de ban : robins, gros marchands... qui regrettent les privilèges royaux. Il y a des faillis. Il y a des extravagants, des rêveurs dénués de toutes les vertus civiques. Les temps troublés plaisent à ces gens qui suivent leur intérêt, leur passion et surtout le vent de la fortune, le moment qui passe.

La Convention, le Comité de salut public tremblent parce que les sept dixièmes de la population vivent dans la misère. Les trois dixièmes passent leur journée à chercher un peu de nourriture. L'hiver, les malheureux se demandent pourquoi ils existent : pas de vêtements, pas d'aliments, pas de logis. La nuit, ils se réfugient dans de grandes maisons dévastées où ils dorment étendus sur du fumier.

La Conciergerie est un lieu de va-et-vient. Les gardiens l'ont dit. Ils voient de temps en temps arriver des visiteurs. Que veulent-ils ? Regarder la ci-devant Reine comme une bête curieuse, dans son immonde cellule. Mais ces visites peuvent aller plus loin. Parfois, les mêmes gens reviennent assidûment. Comment ne pas voir en eux des conspirateurs qui préparent un coup ? Ils prennent mille précautions pour mieux fignoler leurs ruses.

La Conciergerie est un vieux palais avec, tout au fond, des souterrains pleins de caches. Ces souterrains sont une vraie boussole. Ils vont au sud, au nord, à l'est, à l'ouest. Qu'un conspirateur enlève Antoinette dans l'un de ces souterrains, elle échappera encore et brusquement, ici ou là, on la verra se dresser dans une attitude vengeresse.

Les architectes l'ont prouvé. Dans la cellule de Marie-Antoinette, il suffit de lever la pierre qui sert de foyer au poêle et on est dans le brouillard des souterrains.

Le citoyen Gilbert, gendarme de garde à la prison de la Conciergerie, voit souvent arriver dans la cellule le citoyen Jean-Baptiste Michonis. Ces visites ont longtemps paru normales. Michonis a des titres, il est membre de la Commune et administrateur de police, chargé de la surveillance des prisons. Ancien limonadier, Michonis est un bon vivant. Certains jours, à la Conciergerie, il organise « une limonaderie générale ». Quand il vient chez la Veuve Capet, c'est plutôt à pas de loup, avec d'autres visiteurs que Gilbert voit comme des ombres. Ce sont alors des rencontres en catimini, des échanges de propos clandestins.

La nuit, Michonis n'aime pas être repéré. S'il rencontre beaucoup de monde, c'est au fond de jardins, en banlieue. Il retrouve là des sociétés plus portées sur la gauloiserie que sur la politique. Les convives mangent à leur fantaisie et, entre les plats, ils chahutent des filles pendant que d'autres filles chantent et dansent.

Il arrive aussi qu'on cause. Michonis parle beaucoup : sur la Reine, il a de quoi raconter.

Un soir, chez un autre noceur, un marchand de bois nommé Pierre Fontaine, Michonis a rencontré un certain Rougeville. Le souper fut gai. L'amie de Rougeville, Sophie Dutilleul, n'est pas farouche.

De son vrai nom, Joseph Gousse, Rougeville est le fils d'un cultivateur de Picardie à qui le commerce des grains et la distillerie ont rapporté gros. En 1781, Joseph Gousse s'est embarqué pour la guerre d'Indépendance. A son retour, il a décidé de se faire appeler Rougeville. Personne ne le connaît, il s'est glissé comme fourrier dans les écuries du comte de Provence et devient vite marquis de Rougeville. En 1790, il considère comme une heureuse promotion d'être admis dans les groupes royalistes très fermés, ceux que les sans-culottes appellent « les chevaliers du poignard » — vraie garde autour de la royauté en péril.

Marie-Antoinette l'a confirmé dans son interrogatoire. Le 20 juin 1792[1], quand le peuple a envahi les Tuileries, Rougeville est monté chez la Reine par un escalier dérobé. Avec l'aide de trente grenadiers, il a installé une grande table pour séparer les manifestants de la Reine entourée des enfants apeurés. Par son audace, Rougeville a étonné la foule. Il contient l'émeute : « Un peu de calme. Ça ne sert à rien de crier. »

Le 10 août, Rougeville était encore aux Tuileries. Il l'écrira en 1798 : « Mon corps n'a cessé d'être le bouclier de celui de la Reine. »

Rougeville n'a rien dit à Michonis de ses exploits. Il a seulement demandé à aller dans la cellule, par curiosité, il veut voir la ci-devant Reine dans sa miteuse réalité.

En 1797, Rougeville se trouvera en prison pour purger une peine d'émigration. Il en profitera pour recopier dans les registres du greffe l'interrogatoire auquel, le 3 septembre 1793, Michonis, Marie-Antoinette et le concierge Richard ont été soumis.

A l'origine de l'instruction, il y a un rapport que le gendarme Gilbert a adressé au citoyen Du Mesnil, lieutenant-colonel de gendarmerie auprès des tribunaux.

Gilbert a écrit :

« L'avant-dernière fois que Michonis est venu

---

1. Voir Pierre Sipriot, *Les Cent Vingt Jours de Louis XVI, dit Louis Capet*, Plon, Paris, 1992, p. 175 à 182.

chez la Veuve Capet, il y est venu avec un particulier dont l'aspect a fait tressaillir la prisonnière, et qui m'a déclaré être un ci-devant chevalier de Saint Louis. »

Aussitôt, le Comité de sûreté générale a désigné deux conventionnels. Jean-Baptiste Amar, ancien avocat au parlement de Grenoble, député à la Convention, et H.J. Sevestre doivent conduire l'enquête.

Il a fallu beaucoup d'insistance pour contraindre Marie-Antoinette à avouer. Oui ! Elle a reconnu des visages parmi les visiteurs amenés par Michonis. L'un d'eux est venu deux fois. Il portait un œillet à la boutonnière. Il a fait un signe de l'œil et dit à l'accusée :

— Ramassez l'œillet que je jette à mes pieds, je reviendrai vendredi.

Marie-Antoinette a caché le billet dans les plis de sa robe. Quand elle a pu le lire en secret, elle a vu que son correspondant n'avait rien d'utile à lui dire. Il était seulement en pleine transe : « Ma protectrice, je ne vous oublierai jamais, je chercherai toujours les moyens de pouvoir vous marquer mon zèle. Si vous avez besoin de trois à quatre cents louis pour ce qui vous entoure, je vous les porterai vendredi prochain. »

Après tout, si fou soit-il, ce complot est une lueur d'espérance. Les trois ou quatre cents louis sont évidemment destinés aux gardes. Fermeront-ils les yeux pour une telle somme ? Marie-Antoinette ne peut le savoir qu'après avoir montré le papier au gardien Gilbert — ce qu'elle fait.

Le garde a l'air intéressé. Marie-Antoinette lui remet une réponse pour Rougeville, un texte écrit avec une épingle. Sommée par l'enquêteur de déchiffrer ce papier donné par Gilbert à Mme Richard, sans doute pour s'assurer qu'elle ne va pas montrer les dents, Marie-Antoinette dit qu'elle a simplement écrit : « Je suis gardée à vue, je ne parle ni n'écris. »

C'est pourquoi votre fille est muette.

Ainsi présentée, l'énigme de l'œillet reste entière[1]. Dans son *Mémoire*, Madame Royale parle d'un *projet charmant*, en somme un rêve, une passion qui n'a pas réussi à s'organiser.

Après la mort de Marie-Antoinette, Rougeville partira se cacher dans les carrières de Montmartre. Michonis va payer. Il sera guillotiné le 17 juin 1794. Les époux Richard sont destitués et emprisonnés aux Madelonnettes.

Avec Rougeville, Marie-Antoinette a eu un moment l'illusion de retrouver un monde de droiture, de politesse et de dignité.

Pendant quelques minutes, Rougeville lui a tenu la main.

— Dans le moment où je parlais de sensibilité, a dit la Reine à l'interrogatoire, le visiteur me dit : Le cœur vous manque-t-il ? Et je répondis :

---

1. Voir page 221 ce que André Castelot a pu déchiffrer et qui aide à comprendre l'« énigme ».

Il ne me manque jamais, mais il est profondément affligé.

A la lecture de l'interrogatoire, le Comité de sûreté générale a conclu qu'on ne peut faire confiance à la Veuve Capet qui n'a pas sa pareille pour agiter « les flammes des conspirateurs ». Qu'on la mette *au secret* et qu'on prépare sans plus attendre son procès.

Selon Montjoye, il y eut une autre tentative d'évasion. Cette fois, il fallait tuer les gardiens. Marie-Antoinette, « la plus sensible des femmes », aurait refusé ce « double assassinat [1] ».

Madame Royale fait encore allusion à une évasion qui faillit réussir. La Reine avait parcouru tout le corridor qui la séparait de l'air libre, mais un gendarme, bien qu'acheté, refusa de la laisser passer.

Moins flou, moins incertain est l'exploit d'une Anglaise, Mrs. Charlotte Atkins. Née Walpole, cette femme de trente-cinq ans avait été actrice. Elle était la vedette du Théâtre royal, à Londres. En 1779, elle quitte les planches pour se marier avec sir Edouard Atkins. Les jeunes époux habitent le château de Ketteringham-Hall, s'y ennuient et décident de voyager. Versailles les fascine. Ils y vivent ; Mrs. Atkins y tient un salon fréquenté par Mme de Polignac. Par cette

1. Montjoye, *Histoire de Marie-Antoinette Josèphe Jeanne de Lorraine, archiduchesse d'Autriche, reine de France*, *op. cit.*, p. 473.

dernière, elle est présentée à la Reine qui, peu à peu, lui donne les preuves de l'amitié la plus vraie.

En 1789, Mrs. Atkins a quitté Versailles pour Lille et se déclare à la Commune sous le nom de Milady Charlotte, « pensionnée de France ». Elle vit séparée de son mari qui mourra en 1792.

A Lille, Milady Charlotte a rencontré un bel officier, le chevalier Louis de Frotté. Au moment de la fuite à Varennes, Frotté a quitté son armée pour Bruxelles afin de rejoindre l'armée de Condé. Mrs. Atkins est rentrée en Angleterre où elle rencontre Chateaubriand et lui dit qu'elle veut faire évader la famille royale du Temple par les caveaux inconnus qui servaient à la sépulture des anciens Templiers.

Louis XVI mort, Marie-Antoinette enfermée à la Conciergerie, tous ses amis découragent Mrs. Atkins qui s'obstine.

L'Anglaise vient à Paris, s'abouche avec un concierge ou un gardien, voit Marie-Antoinette... Elle aurait supplié la Reine de changer de costume avec elle.

— Vous me faites peur, a dit Marie-Antoinette. Vous voulez monter sur une charrette, mourir à ma place. Parce que je suis moi et que je suis la Reine et que j'ai toujours voulu commander, n'y pensez plus.

Le 11 septembre, les municipaux installent Marie-Antoinette dans un autre cachot, toujours à deux pas de la cour. C'est l'ancien local du pharmacien à qui on a vite fait comprendre qu'il devait vider les lieux. Les architectes, les maçons, les menuisiers, les serruriers ont découpé, scié, raboté, forgé, agencé le tout afin d'aménager la chambre la plus sourde, la plus sûre, la plus confinée qui soit. Une seule croisée donne sur la cour. Elle a été bouchée jusqu'au cinquième barreau avec de la tôle. Tout le reste est aussi impénétrable. A droite, c'est un grillage à mailles très serrées. Au milieu, l'ouverture qui donne sur l'infirmerie a été condamnée par des contrevents. La croisée qui devrait ouvrir sur le corridor est murée. Pour entrer, il faut passer deux portes. L'une est en bois épais, elle a deux verrous ; l'autre est fermée avec un verrou de sûreté. A l'extérieur, sous la fenêtre de la cour, on a posté deux gardes à qui l'entrée est interdite. Seul le concierge, qui a la charge de nourrir la prisonnière, peut pénétrer dans la cellule deux fois par jour sous l'escorte de deux gendarmes.

Désormais, Marie-Antoinette ne peut mettre son espoir que dans l'avance, que dis-je, les bonds prodigieux des armées ennemies. Rien ne fera reculer la fureur du peuple, hormis la guerre déferlante qui ouvrira Paris aux alliés. On le verra plus loin, de juillet à octobre 1793, Axel de Fersen s'est dépensé sans compter. Il a pu se montrer d'autant plus confiant que la situation de l'armée française semble désespérée.

« Ô guerre ! Ô épopée ! » 1793 passe pour une

année héroïque. La France s'y est référée dans les époques de sursaut national : en 1870, après Sedan, pour organiser « la défense du territoire », en 1916, au moment de la bataille de Verdun. Si l'on regarde de plus près, l'été 1793, la France républicaine semble perdue. La situation ne se rétablira que le jour de la mort de Marie-Antoinette, le 16 octobre, avec les victoires de Wattignies, de Cholet et l'arrêt des opérations pendant l'automne et l'hiver.

En juillet 1793, le territoire national est ouvert de toutes parts, d'autant plus dangereusement que cette guerre contre l'Europe, la République française l'a voulue pour faire descendre « les tyrans en enfer », accorder « liberté et secours au peuple ». La France veut établir une république universelle, même si « l'Europe, toute l'Europe est en feu » (Brissot). Brissot rêvait aussi en 1792 de *municipaliser* la Russie et l'Amérique latine. Pour l'heure, l'armée française est seulement entrée à Mayence qu'il faut évacuer promptement. Les généraux français doivent donner leur parole : ils ne franchiront plus le Rhin.

Après le 10 août, La Fayette, César de Latour Maubourg, Bureaux de Pusy, Alexandre de Lameth ont préféré se rendre au duc de Saxe-Teschen. Ils veulent qu'il n'y ait « rien de commun entre le crime et eux ».

En mars 1793, en prison, La Fayette n'est pas mieux logé que Marie-Antoinette. Il vit, gardé par deux sentinelles, dans un cachot de trois pas sur cinq, et il écrit avec un cure-dent. Dumouriez, le vainqueur de Jemappes, le vaincu de Neerwinden (18 mars 1793), a pactisé avec les Autrichiens. Le duc d'York est à Valenciennes (28 juillet 1793) et il place le territoire, occupé jusqu'en Cambrésis, sous la législation d'une junte qui rétablit l'Ancien Régime. Les Espagnols menacent Perpignan, Nîmes se soulève.

La République envahie sur toutes ses frontières est en plus attaquée par les ennemis de l'intérieur. Soixante départements sont aux mains des rébellions royalistes ou girondines. Le 29 août, les royalistes livrent Toulon, de justesse, Carteaux reprend Marseille. Les Sardes s'avancent vers Lyon où la municipalité a nommé chef de la garde nationale Précy, un royaliste, ancien émigré.

La Commune de Paris et la Montagne s'aperçoivent qu'elles ont le pays contre elles. Il faut réagir, ne plus s'embarrasser du sens moral mais faire triompher par la terreur des idées impopulaires à un peuple affamé qui supporterait plus facilement la défaite que les armées la guerre.

De grandes journées révolutionnaires vont, une fois de plus, dicter la conduite à tenir et faire marcher droit le peuple de Paris.

Le 2 juin 1793, qu'on évoquera plus loin, est une journée *patriotique* avec défilé de sans-culottes devant l'Assemblée terrorisée. Mais à Bordeaux, à Toulouse, la contre-Révolution triomphe.

Enfin, depuis mars 1793, la Vendée repousse

tous les assauts, les troupes de la République vont devoir y pratiquer la tactique de la terre brûlée. Le 2 août, le jour où Marie-Antoinette a été transférée à la Conciergerie, les armées autrichiennes et anglaises ont décidé de réunir leurs troupes pour marcher sur Paris.

Tous les pays, à l'exception de la Suisse et des États scandinaves, sont coalisés contre la France.

Pourquoi, les alliés ayant pris le parti offensif, en vont-ils choisir un autre ?

Les armées des différentes nations sont superbes. Fersen, qui va le long des camps d'une armée à l'autre, admire la fière allure des infanteries, l'adresse à cheval des cavaliers. Ces troupes innombrables, à n'en pas douter, devraient écraser l'armée française. Mais le rassemblement de ces armées crée des jalousies entre les chefs militaires. C'est à qui passera les plus belles revues ; de telles parades, bien inutiles, anéantissent l'esprit offensif. D'ailleurs, ces armées ont moins le goût des batailles en rase campagne — car elles font des victimes et abîment les uniformes — que le goût des sièges où, sans risque, l'on enclave l'ennemi. Enfin, décidés à se partager les plus belles parties de la France, les souverains ont laissé dans le vague leurs buts de guerre. Le roi d'Angleterre et l'empereur d'Autriche se battent pour conquérir le nord et l'est de la France, ils ne savent pas comment répartir entre eux les Flandres et la Picardie. Le roi d'Espagne, descendant direct de Louis XIV, se voit très bien souverain absolu dans une France gardant l'intégralité de son territoire.

Quoi qu'il en soit, à la Conciergerie, la Reine, avertie de ces grands rassemblements de troupes étrangères, ne doute pas qu'elle va bientôt être délivrée. Sa politesse, sa grâce naturelles semblent alors avoir repris le dessus.

Elle dit à Rosalie Lamorlière, femme de ménage à la prison :

— Si je vous quitte, Rosalie, vous serez ma femme de chambre, je vous emmènerai.

Rosalie finira ses jours en 1836, à l'hospice des *Incurables*.

A Paris, en ce mois d'août 1793, l'orgueil national se sent blessé. On craint le raz de marée des Allemands : Prussiens et Autrichiens réunis. Au début de la coalition, ils ont juré « de tirer une vengeance exemplaire et à jamais mémorable, en livrant la ville de Paris à une exécution militaire et à une subversion totale ». Ces paroles ne s'oublient pas. Depuis, Paris est sur le qui-vive.

— C'est le moment de verser le sang des coupables, s'écrie Jean-Baptiste Drouet, l'homme qui a identifié le Roi à Varennes. Qu'avons-nous besoin de notre réputation en Europe ? De tous côtés ne nous appelle-t-on pas des scélérats, des brigands, des assassins ? Eh bien, puisque notre vertu, notre modération, nos idées philosophiques ne nous ont servi de rien, soyons brigands pour le bonheur du peuple.

L'abbé Grégoire veut réaliser de grandes choses, faire chanter les lendemains et lancer l'idée d'une société des nations :

— Les peuples ont pour lien la morale universelle. Ce qu'un homme doit à un homme, un peuple le doit à un autre peuple. Le peuple français ne fera point la paix avec un ennemi qui occupe son territoire.

— Vous flattez-vous d'être toujours victorieux ? cric un opposant. Avez-vous fait un traité avec la victoire ?

— Nous en avons fait un avec la mort, réplique Bertrand Barère.

Et Barère de s'enflammer devant une Assemblée éblouie :

— Les royalistes veulent du sang, ils auront celui des conspirateurs, des Brissot, des Marie-Antoinette ! Ce ne sont plus des vengeances illégales, ce sont des tribunaux extraordinaires qui vont l'opérer. Vous ne serez pas étonnés des moyens que nous vous présentons, quand vous saurez que du fond de leurs prisons ces scélérats conspirent encore et qu'ils sont le point de ralliement de tous nos ennemis. Vous voulez anéantir la Montagne, eh bien ! la Montagne vous écrasera [1].

---

1. Discours de Bertrand Barère à la Convention, le 5 septembre 1793.

« Le gouvernement révolutionnaire a besoin d'une activité extraordinaire parce qu'il est en guerre », dira Robespierre qui est entré au Comité de salut public le 27 juillet 1793. En août, c'est l'entrée de Carnot et de Prieur de la Côte-d'Or qui ont reçu la responsabilité des opérations militaires et des armements.

Tous les Parisiens vont se sentir mobilisés, les uns devenus ouvriers, les autres soldats.

Le 23 août, la *levée en masse* du *peuple français* est décrétée par la Convention : « Les jeunes gens iront au combat ; les hommes mariés forgeront les armes et transporteront les subsistances ; les femmes feront des tentes et serviront dans les hôpitaux ; les enfants mettront le vieux linge en charpie ; les vieillards se feront porter sur les places publiques pour exciter le courage des guerriers, prêcher la haine des rois et l'unité de la République. Les maisons nationales seront converties en casernes. Les armes de calibre seront exclusivement remises à ceux qui marcheront à l'ennemi : le service de l'intérieur se fera avec des fusils de chasse et à l'arme blanche. »

Aux Tuileries, au Luxembourg, sur l'ex-place Royale, aux Invalides et au Champ-de-Mars, Paris est une usine qui fabrique une énorme cuirasse offensive et défensive. Des experts en explosifs ont découvert du salpêtre en Touraine. Partout l'ordre est donné de lessiver les terres et les murailles salpêtrées. Les raffineries sont à Paris, la principale est à l'abbaye de Saint-

Germain-des-Prés. Les poudreries sont à Grenelle.

Les effectifs de l'armée passent à six cent mille puis à un million d'hommes. Ces gros bataillons vont être animés par des généraux sans-culottes : Rossignol, Jourdan (trente et un ans), Pichegru (trente-deux ans), Hoche (vingt-cinq ans), Kléber (quarante ans), Marceau (trente-quatre ans). Ils sont tous fils de cultivateurs, d'ouvriers, de maçons, ils étaient sergents en 1789.

Le 16 octobre, le jour où mourra Marie-Antoinette, Jourdan et Carnot battent Cobourg à Wattignies, leurs troupes entrent dans Maubeuge. A Cholet, Kléber et Marceau battent la grande armée vendéenne.

En pleine nuit, le 2 septembre 1793, dans Paris qui se mobilise, le Comité de salut public se réunit avec des représentants de la Commune. Tous les présents croient au succès imminent de l'armée, mais à la nécessité aussi d'organiser la Terreur pour en faire un moyen d'exaltation patriotique.

Deux mille deux cent cinquante suspects sont ou vont être arrêtés. Il faut les grouper dans des camps, à Chantilly et à L'Isle-Adam. Là, on pourra les exécuter parfaitement en peu de temps et sans bruit.

Sarcastique, Hébert prend la parole. On croirait entendre *le Père Duchesne* :

« On n'a pas fait de si mauvais boulot : la preuve, les aristos sont rentrés dans leurs coquilles. S'ils avaient eu le dessus, vous ne seriez pas assis dans ces fauteuils. Mais tout peut encore mal finir. Il faut faire feu de tout bois, condamner à mort les Brissotins et Antoinette, et que des gens aux fenêtres applaudissent, crient, poussent des vivats. Que ce soit une vraie fête des sans-culottes. »

Cambon, responsable des finances, n'est pas de cet avis. Ce dont la République a le plus besoin, c'est d'or. Antoinette est un fort bon parti. Il faut la proposer aux enchères aux États coalisés, cela rapportera gros.

Hérault, Barère, Jean Bon-Saint-André protestent : il faut le sang d'Antoinette pour associer dans l'esprit du peuple Paris, le Tribunal révolutionnaire et la Convention.

La mort de Capet a été le fait de la Convention. La mort de la Veuve sera le fait du peuple de Paris, du Tribunal révolutionnaire et de l'armée. Ainsi l'Europe verra que la France est prête à accomplir les coups les plus inattendus pour sauver le territoire national.

Ce n'est pas de raconter ce qui arrive réellement qui emporte l'adhésion d'un auditoire, mais bien de raconter ce qui pourrait arriver... Hébert est un poète à sa manière. Il a lu *la Poétique* d'Aristote. Il sait l'effet qu'il produira s'il imagine la Révolution défaite. Il annonce une répression effroyable :

« Tout le monde vous a trahis. La Fayette, Dumouriez, Lamarlière, Custine, Kilmaine,

Garat — moi aussi d'ailleurs si je voyais un bon traité en vue qui me conservât la vie... Mais nous périrons tous. Si les Autrichiens nous promettaient une amnistie, on mourrait avant d'avoir pu décamper. Vous seriez égorgés, poignardés par l'émeute ou, si on vous juge, vous serez écartelés comme régicides. Damiens avait un couteau à la ceinture, nous, nous avons installé la guillotine. Nous avons eu le courage de tuer Capet, il faut savoir regarder froidement la mort. Sans quoi on est ridicule. Et si on est ridicule, en quoi serons-nous glorieux ?

« Non ! Il faut y aller franchement. Qu'est-ce qui ne nous fera pas caner ? La fierté. Nous ne devons vivre que pour la vengeance et qu'elle soit immense. Laissons en France une destruction si grande que l'on s'en souviendra dans cent ans, dans deux cents ans. Laissons faire les sans-culottes, ils tireront contre nos ennemis jusqu'à leurs dernières cartouches. Mais il faut entretenir leur fureur par la mort d'Antoinette et le pillage des biens de l'aristocratie.

« Voilà tout ce que je sais. Si ça peut vous rendre service. J'ai fait mon devoir. »

Hébert tourne résolument le dos, il s'en va après avoir jeté sur l'assistance un regard d'une terrible ironie.

Les membres du Comité ont fort bien compris la semonce.

— Qu'on appelle vite Fouquier-Tinville, qu'il vienne discuter avec nous.

Fouquier est à son affaire. Cette façon de passer aux choses sérieuses lui plaît. Rien qu'avec des mots de rapport militaire, il tranche :

— Soyez tranquilles, j'ai examiné le dossier, repéré les chefs d'accusation, on ne peut pas choisir de procès plus excitant. Mais, avant d'engager la procédure, il faut renouveler les jurés, que le jury soit un vrai peloton d'exécution où chaque coup touche. Il faut aussi se débarrasser du juge Claude Emmanuel Dobsent. Juger Antoinette le rend inquiet. Il s'est mis dans la tête une idée absurde : faire empoisonner la Veuve Capet pour « s'ôter cette épine du pied », dit-il.

La « levée en masse » du 23 août n'a pas fait reprendre élan au pays. Les six cent mille habitants de Paris continuent à errer dans le désespoir et la faim. Ils ont depuis longtemps renoncé à ce qu'on leur a laissé croire : un bonheur fort et nouveau dans un pays en liberté. Pour réveiller les enthousiasmes, les sans-culottes préparent quelque chose de très important avec défilé patriotique, chants, coups de trompette, tambours, tocsin joints au fracas des fusils. De quartiers en sections, à force de déambuler, de zélés patriotes sont parvenus à réunir une foule qui va déchaîner sur la Convention, c'est-à-dire l'autorité parlementaire de toute la France, l'orage le plus impérieux et le plus brutal qui soit.

Le 4 septembre, le peuple de Paris se déploie autour de la Maison-Commune. Les ouvriers du bâtiment et de fabrication de guerre demandent du pain. Ils veulent aussi s'assurer qu'ils pourront, « la fureur en main », écraser les riches, les ennemis de la chose publique : qu'ils soient accapareurs de matières premières, qu'ils soient agioteurs et jouent sur l'or et les assignats, qu'ils soient ces commerçants qui ont fermé boutique, ces patrons qui ont arrêté le travail pour protester contre les lois sociales, etc.

« Vous avez bien fait de nous réveiller, dit Chaumette, procureur de la Commune. Nous sommes des vôtres. Pourtant, ce n'est pas à nous seulement qu'il faut faire appel. Un mouvement de masse comme celui du 4 septembre ne s'est pas mobilisé pour s'arrêter à l'Hôtel de Ville. Il faut prendre l'Assemblée, ou au moins la contraindre : qu'elle se débarrasse, comme étant des traîtres, de tous les députés qui ne se sentent pas prêts à affirmer la force extrême du pouvoir révolutionnaire.

« Moi aussi j'ai été pauvre, dit Chaumette à la foule. Par conséquent, je sais ce que c'est que les pauvres. C'est ici la guerre ouverte aux riches contre les pauvres ; ils veulent nous écraser, et bien il faut les prévenir ; il faut les écraser nous-mêmes ; nous avons la force en main. »

Le lendemain, 5 septembre, Chaumette retrouve ses troupes au complet. Elles affluent de tous les quartiers, elles envahissent les Tuileries.

L'Assemblée entend le piétinement sourd des manifestants... Ils apparaissent devant la Convention, la foule reste dehors, seules les députations des sections entrent dans la grande salle.

Chaumette ne s'adresse ni aux Girondins ni au Marais. Ceux-là sont les survivants de choses qui sont arrivées. Seule la Montagne doit être encouragée, seule elle peut accoucher d'événements grandioses qui doivent se produire. Alors, Chaumette harangue la Montagne en termes pieux :

« Et vous, Montagne à jamais célèbre dans la page de l'Histoire, soyez le Sinaï des Français ; lancez au milieu des foudres les décrets éternels de la justice et de la volonté du peuple, inébranlable au milieu des orages amoncelés de l'aristocratie : agitez-vous et tressaillez à la voix du peuple ; assez longtemps le feu concentré de l'amour du bien public a bouillonné dans vos flancs ; qu'il fasse une irruption violente : Montagne sainte, devenez un volcan, dont les laves brûlantes détruisent à jamais l'espoir du méchant, et calcinent les cœurs où se trouve encore l'idée de la royauté ; plus de quartier, plus de miséricorde aux prêtres ! Si nous ne les devançons pas, si nous ne jetons pas entre eux et nous la barrière de l'éternité, nous avons tout à en craindre. Les patriotes des départements, et le peuple de Paris en particulier, ont jusqu'ici montré assez de patience ; on s'en est joué : le jour de la justice et de la colère est arrivé. »

A la Conciergerie, dès ce jour du 5 septembre, Marie-Antoinette entend des voix venues de la cour de la prison. Ces voix passent à travers les barreaux et par-dessus le blindage du cachot. Billaud-Varenne, nouveau membre du Comité de salut public, a réclamé sa tête. Le 10 septembre, aux Jacobins, Hébert a demandé l'arrestation des Richard, les concierges trop complaisants de la prison : « Richard et sa femme sont coupables d'avoir voulu faire évader la Reine. »

Enfin, le jeudi 3 octobre, Marie-Antoinette apprend que la Convention va la traduire devant le Tribunal révolutionnaire.

Ce même jour, à la Commune, Chaumette dénonce le *suspect*.

Pour un œil exercé, le suspect se reconnaît facilement : il n'active pas la Révolution, il ne fréquente pas sa section ou, s'il y va, il n'écoute pas, il ne croit pas au bonheur de l'humanité et quand on en parle, il rit ou ne rit pas si on lui a appris à ne pas rire.

« Sont réputés suspects : ceux qui se sont montrés partisans de la tyrannie ou du fédéralisme ; ceux à qui il a été refusé des certificats de civisme ; les fonctionnaires publics suspendus ou destitués par la Convention ; les ci-devant nobles ou parents d'émigrés ; ceux qui ne pourront pas justifier de leurs moyens d'exister et de l'acquit de leur devoir civique. »

Pour finir sur une note salace, Chaumette fait état de l'interrogatoire qu'on fera subir au fils des Capet, Louis-Charles, âgé de huit ans. Devant l'assemblée de la Commune, Chaumette feint de s'attendrir :

« Le jeune Capet, ce malheureux enfant de huit ans, est déjà habitué aux vices les plus honteux. Antoinette et Élisabeth sa tante l'ont instruit dans les plus dégoûtants mystères. »

L'accusation d'inceste est une longue histoire, déjà lancée le 25 octobre 1792 par Antoine Simon, cordonnier de Troyes, devenu gardien du Temple[1].

Le 30 septembre 1793, Simon, devenu « le gouverneur et cordonnier Simon », a écrit à Hébert :

« Salut. Viens vite au Temple, mon ami, j'ai des choses à te dire, et j'aurai beaucoup de plaisir à te voir. Tâche de venir aujourd'hui, tu me trouveras toujours franc, brave républicain. »

Le lendemain, Hébert résume le témoignage de Simon devant des représentants du Tribunal révolutionnaire :

— Il y a eu un acte incestueux entre Antoinette et son fils.

Le 6 octobre, une commission est désignée. Elle réunit des hommes qui ont le droit pour eux, c'est-à-dire qu'ils ont tous les droits. Il y a Jean-Nicolas Pache, maire de Paris, ancien

1. Voir *les Cent Vingt Jours de Louis XVI, dit Louis Capet*, *op. cit.*, p. 76.

précepteur des enfants du maréchal de Castries, puis contrôleur de la maison du Roi.

C'est Pache qui a eu l'idée de faire écrire sur tous les monuments publics la devise inventée par Momoro : *Liberté-Égalité-Fraternité.*

D'autres autorités vont assister à l'interrogatoire. Il y a le peintre David en tant que membre du Comité de sûreté générale, Chaumette, procureur de la Commune, son substitut, Hébert, des commissaires du Temple [1], un administrateur de police [2].

Le procès-verbal confirme que l'enfant a été surpris par Simon et sa femme « à commettre sur lui des indécences nuisibles à sa santé. Il a avoué qu'il a été instruit dans ces habitudes par sa mère et sa tante. Différentes fois, elles s'étaient amusées à lui voir répéter ces pratiques devant elles ».

Le lendemain 7 octobre, ces gens importants se rendent au Temple. Ils vont interroger la sœur de Louis-Charles Capet, Marie-Thérèse-Charlotte, âgée de quinze ans.

« Il lui est demandé :

— Si, lorsqu'elle jouait avec son frère, il ne la touchait pas où il ne fallait pas qu'elle fût touchée ; si on ne faisait pas sauter son frère sur une couverture, et si sa mère et sa tante ne le faisaient pas coucher entre elles.

---

1. Friry et Seguy.
2. Heussé.

« La jeune fille dit : non. »

Après quoi l'on fait venir son frère qui « persiste dans ses dires ».

Le procès-verbal conclut que l'un des deux enfants « veut cacher la vérité, vu qu'ils ne s'accordent pas ».

On convoque Madame Élisabeth. La princesse, à qui est lue la déclaration de Louis-Charles, refuse de répondre : une pareille infamie est trop au-dessous et trop loin d'elle.

Pourtant, Élisabeth reconnaît que l'enfant avait cette habitude depuis longtemps. Il doit se rappeler qu'elle et sa mère l'en ont grondé plusieurs fois.

On fait venir Louis-Charles qui atteste avoir dit la vérité. Il met à nouveau en cause sa mère et sa tante.

Élisabeth ne répond pas à cette accusation ; « elle croit devoir être par sa conduite à l'abri du soupçon ».

Dans la lettre testamentaire adressée à Élisabeth et que Marie-Antoinette écrira à 4 h 30 du matin [1], le jour de son exécution, elle rappellera en « sages paroles » qu'il faut toujours tenir compte de la puissance des gens sur un enfant.

« Je sais combien cet enfant doit vous avoir fait de la peine. Pardonnez-lui, ma chère sœur ; pensez à l'âge qu'il a et combien il est facile de

1. Cette lettre est citée p. 238 à 240 de ce livre.

faire dire à un enfant ce qu'on veut, et même ce qu'il ne comprend pas. »

En propageant ces indécences, Hébert et Simon poursuivent des buts différents. Hébert veut prouver une fois de plus que Marie-Antoinette est une femelle sans cœur et sans retenue. La vie à la cour de Versailles sous le règne de Marie-Antoinette, ce fut Sodome et Gomorrhe. Possédée, vicieuse, captieuse et retorse, il faut qu'elle gravisse son calvaire, que sa tête de diablesse se détache.

Simon poursuit des buts plus prosaïques. Il veut se caser, trouver une bonne place pour des mois encore, une place qui lui assure un salaire équivalent à celui d'un député. Le jeune Capet a été mal élevé. Il faut réagir en lui donnant un bon instituteur qui ne peut être que le cordonnier Simon. A force de se masturber, cet enfant est passé de l'autre côté de l'intelligence, du côté infernal, le côté dont on ne revient pas, à moins qu'un bon maître ne l'aide à retrouver la raison, la bonne humeur patriotique, le zèle national.

Simon va faire l'intéressant pour garder son poste. Le 26 octobre 1793, dix jours après la mort de Marie-Antoinette, il racontera au Conseil du Temple que son pupille lui a révélé des intelligences qu'avait sa mère avec un membre de la Commune. Le 3 décembre de la même année, Simon viendra dire que Louis-Charles Capet a dénoncé « des faits importants pour le salut de la République ». Sa sœur et sa tante frappaient des coups dans un endroit près du bûcher, sans doute pour cacher de l'argent et préparer leur fuite.

Simon sera congédié le 5 janvier 1794. A partir du 19 janvier, date de la passation des pouvoirs de Simon, jusqu'au 28 juillet 1794, on ne saura rien de précis sur ce qui s'est passé au Temple. Barras sera le premier visiteur après la chute de Robespierre.

L'énigme Louis XVII ne commence pas le 12 juin 1795 quand on a transcrit l'acte de son décès à l'Hôtel de Ville. L'enfant mort au Temple n'est sans doute pas le fils du Roi. Un autre enfant lui a été substitué. Cette substitution, le chef chouan Puisaye la signale à William Pitt dès octobre 1794.

En 1793, le fils de Louis XVI et de Marie-Antoinette n'est pas seulement le prisonnier de Simon qui veut le dresser pour en faire un parfait sans-culotte. Il est surtout le prisonnier des grands chefs conventionnels. Successivement Chaumette, Hébert, Robespierre, Barras, Fouché auront sans doute l'idée de garder le Dauphin, réel ou de substitution, en réserve pour quelque monarchie constitutionnelle.

Déjà, au mois de juillet 1793, Pache, le maire de Paris, est stupéfié par le discours d'Hébert. Il semble prêt à dire : Oui, mon petit Roi, oui, mon *petit chou*, comme l'appelait Marie-Antoinette. Hébert a du cœur, au fond.

— J'ai vu le petit enfant de la tour, dit-il à

Pache. Il est beau comme le jour et intéressant au possible ; il joue au roi magnifiquement... Il m'a demandé avant-hier si le peuple était toujours malheureux. « C'est une grande pitié », a-t-il répondu, après que je lui ai dit que oui.

Un vrai (ou un faux) dauphin qui ressuscite à propos, c'est un ingénieux chemin pour sortir du chaos révolutionnaire. Les pires horreurs, faim, guerre, Terreur, guillotine ont leurs limites. Un jour viendra où il faudra en finir avec les sans-culottes pour revenir à l'ordre, à la raison d'État, au sens moral de l'humanité. Pour se faire accepter en Europe, la France devra se conduire d'une façon valeureuse. Après avoir triomphé dans les combats, elle installera sur le trône un jeune roi, un Louis XVII de circonstance qui prononcera à l'attention des souverains étrangers quelques paroles tout à fait apaisantes.

A la Conciergerie, Marie-Antoinette est moins soucieuse de l'avenir d'une quelconque monarchie française que de ce qui va lui arriver, car elle s'attend à tout.

Longtemps, elle a espéré le salut, pour ses enfants et elle, du côté de Vienne.

L'empereur sait que sa tante est une femme excellente, mais elle et Louis XVI ont eu bien des torts. Ils n'ont pas vu que le fait principal de l'histoire européenne depuis 1780, c'est la Révolution ; partout en Europe, l'Ancien Régime est remis en cause. Ils n'ont pas compris la nécessité du changement dans les gouvernements. Ils n'ont pas saisi que le peuple, au fond, « aime mieux être gouverné par un lion que par deux cents rats » (Voltaire), donc le pouvoir doit oser s'affirmer.

La monarchie française n'a joué que sur un tableau, et le perdant : une noblesse frondeuse, accrochée à ses privilèges. Louis XVI n'a pas compris que la bourgeoisie d'où venait la richesse du royaume désirait, pour elle-même, une partie de la puissance législative et politique. Il fallait trouver un ministre capable de mettre en forme institutionnelle cet esprit du temps et s'y tenir.

En 1793, après un an de règne, François II, homme de froide raison d'État, tire les leçons de l'anarchie française. Il redoute d'avoir à supporter dans son empire, qui va de la mer Noire à la Manche, le contrecoup de la Révolution française. L'exécution de Louis XVI, bientôt celle de Marie-Antoinette, sont des exemples cruels qui le décident à appliquer dans ses États une conduite ferme de gouvernement. Il renforce l'aristocratie et l'Église, engage des poursuites impitoyables contre les jacobins autrichiens et hongrois, consolide l'Administration, la police, la censure. L'empereur fait disparaître les opposants dans les *carceri duri* et introduit un état de guerre permanent dans les pays où les Allemands sont en minorité.

François II est de l'espèce des rois à visage de

lion ; ils ne craignent ni les remords ni l'infamie, « car il n'y a jamais d'infamie pour les vainqueurs, de quelque manière qu'ils aient vaincu ».

Dans son étroite cellule de la Conciergerie, Marie-Antoinette devine ces mouvements des armées prêtes à échanger de terribles coups.

Quel est l'enjeu de ces combats ? Sa vie, sa délivrance, son rétablissement sur le trône comme régente aux côtés de son fils ? Non ! Marie-Antoinette pressent que ces troupes prussiennes, autrichiennes, anglaises, espagnoles pilleront, épouvanteront, anéantiront la France avant de se la partager comme l'Europe se partage la Pologne.

Ô miracle ! Ce monde horrible, trop lourd à porter, pourquoi ne pas se refuser à le regarder ?

Saura-t-elle mourir comme elle a vécu dans un monde dont elle n'a retenu que la vie dans son éclat ?

De 1775 à 1785, Marie-Antoinette, douce, rieuse et d'une grande sensibilité, a passé ses jours dans l'amusement et le délassement. Le coin de la Reine était un milieu fermé qui mettait en valeur la séduction, le goût de la musique et du théâtre, le rêve d'une royauté simple et pastorale, élégante et familière. Sans doute, la Reine contribua à nommer M. de Castries ministre de la Marine (1780) et, peu après, elle a fait remplacer M. de Montbarey à la Guerre par M. de Ségur. C'est peu en comparaison de ce qu'elle était capable de faire.

Parce qu'elle a trié ses amis, Marie-Antoinette est devenue impopulaire. Une Reine doit être *tout à tous*. Elle a voulu jouir d'une complicité, d'une intimité immédiates avec des favorites. Peu d'amis honorent s'ils sont sublimes. Peu d'amis compromettent s'ils sont médiocres.

Dès l'Affaire du Collier, le 15 août 1785, la Reine a découvert que l'opinion française, naturellement brusque et dure, se montre envers elle capable de toutes les insolences, de tous les emportements, car on la juge mal entourée.

Les amis qu'elle a comblés des premières charges et des premiers honneurs avec de grosses pensions, se détachent d'elle. Dès juillet 1789, c'est bien clair, Marie-Antoinette se rend compte qu'elle a été trompée par l'azur, les bouquets d'or, la rivière argentée de Trianon et l'amitié mondaine. Un vent souffle de Paris, un peuple ose affirmer sa suprématie sur le Roi et plus encore sur la Reine. Pendant les journées des 5 et 6 octobre 1789 à Versailles, où elle a dû se montrer seule au balcon face à l'ombre effrayante que faisait la foule, Marie-Antoinette a senti qu'elle devenait la victime, que le Roi, malgré son amour pour elle, ne pouvait plus la soustraire à l'aversion publique.

En août 1793, dans l'esprit de Marie-Antoinette, Fersen représente l'*énergie du désespoir*.

Ce n'est pas rien.

Dès avril 1793, par l'entremise du général de Jarjayes, Marie-Antoinette a pu faire envoyer à Fersen, son dernier chevalier servant, un cachet « portant un pigeon volant avec une devise : *tutto a te mi guida* ». « L'idée de la Reine, écrit Fersen dans son *Journal*, a été de représenter mes armes. Elle a pris un poisson volant pour un pigeon. La chaleur avait d'ailleurs effacé l'empreinte. Je la conserve malgré cela dans ma cassette avec la copie du billet et le dessin du cachet. »

En août 1793, le député Drouet, l'homme qui a fait arrêter la famille royale à Varennes, a été envoyé par la Convention à l'armée du Nord. Les Autrichiens l'ont capturé. Fersen décide d'aller voir Drouet dans sa prison. Celui-ci se plaint. Il montre ses fers trop serrés, ses mains et ses jambes engourdies, ses chairs qui sont endolories, sa cellule vraiment trop étroite et humide. Drouet implore Fersen. Il attend du meilleur ami de la Reine, sinon d'être tout à fait libre, au moins qu'on lui assure des conditions de détention comparables à celles que lui, Drouet, a pu obtenir pour Marie-Antoinette. Il s'explique :

« Quand j'ai vu la Reine à la Conciergerie, elle n'avait pour lit qu'un misérable grabat ; l'ayant trouvée enrhumée, lui ayant demandé les causes, elle m'a dit que c'était l'humidité de la prison qui était une chambre basse. Aussitôt, j'ai donné ordre qu'on préparât une chambre haute.

J'y ai installé la Reine et je lui ai fait apporter un bon lit et deux matelas. »

Fersen n'est évidemment pas dupe, il sent que ces délicatesses de Drouet sont de l'invention pure.

Pourtant, le désespoir du prisonnier l'a frappé.

Marie-Antoinette est soumise à ce même régime carcéral. Il faut faire vite, sauver la Reine par tous les moyens. Fersen est certain que, pour délivrer Marie-Antoinette, tout le monde est prêt à aller fort loin.

Son plan est arrêté, il reste à le réaliser.

En août 1793, à Valenciennes, lieu de son ancienne garnison, Fersen dîne avec le prince de Cobourg qui commande l'armée autrichienne. Puis, à Bruxelles, il rencontre le prince d'Arenberg, comte de La Marck, ancien constituant dont Mirabeau a fait son héritier. La Marck s'est mis au service de l'Autriche.

A ces deux hommes, Fersen a tenu le même discours : il faut qu'on recrute des lanciers, des dragons, des hussards, tous les hommes d'élite qui vont à cheval, et pousser un gros corps de cavalerie sur Paris. La route est ouverte : il n'y a pas d'armées devant la capitale et les chevaux ne manqueront de rien, car les granges sont remplies de fourrage.

Quand, en 1783, Fersen est revenu d'Amérique, il a connu à Paris le comte de Mercy-Argenteau. Celui-ci menait la vie d'un grand seigneur. Il recevait dans un hôtel immense du boulevard Richelieu, très richement meublé ; l'été, il s'installait dans un château rustique à Chennevières. Dans ces deux endroits, on offrait aux visiteurs une bonne cuisine et des vins succulents. Le temps d'une soirée, on vivait au milieu de très jolies femmes, attirées par la maîtresse de l'ambassadeur, la célèbre Rosalie Levasseur, vedette de l'Opéra. Les soirs où Mercy-Argenteau ne recevait pas, il sortait dans le plus bel équipage de Paris. Ses familiers étaient la marquise de Dufort, le banquier Laborde, il recherchait fort les gens en place et connaissait, pour faire parade d'esprit, toutes les bonnes histoires que racontaient les journalistes et les comédiens. Il avait été nommé ambassadeur à Paris pour que la Reine correspondît directement avec sa mère, Marie-Thérèse. Il briguait la réputation et l'estime de l'impératrice et de Joseph II et, près de Marie-Antoinette, se montrait grand défenseur de maximes et de règles morales qu'il était le dernier à pratiquer.

La chevauchée sur Paris imaginée par Fersen « laisse de glace » le comte de Mercy-Argenteau, alors gouverneur des Pays-Bas autrichiens. Fersen insiste. Argenteau croit devoir relever tous les dangers de cette expédition : Paris n'est pas sans défenses, il y a le mur des fermiers-généraux, il y a les barrières aux portes. Pour atteindre la Conciergerie, il faut traverser une partie de la ville dont les rues étroites, en lacet, peuvent être obstruées par des charrettes qui sont autant de barricades, le peuple aura le temps d'accourir de toutes parts. Jamais Louis XVI n'a osé risquer des régiments d'élite dans une bataille de rues. Arrivé à la Conciergerie, on la trouvera bien gardée. Même si les choses se passent au mieux, une fois entré dans la prison, il faudra se précipiter à coup sûr dans la cellule où la Reine se trouve à la merci des fusils et des piques de ses gardiens.

Cependant, Mercy-Argenteau aime trop Marie-Antoinette pour ne rien faire. Il écrit au prince de Cobourg. Si la Reine est mise à mort, « quel regret ne laisserait pas l'inaction ? Croirait-on même un jour qu'un si grand attentat eût pu être consommé à quelques marches des armées victorieuses de l'Autriche et de l'Angleterre ? ».

Cobourg est un général ne se mettant en peine de rien. Sa lenteur le rend très prévoyant. Il ne voit que les risques au bout du compte.

Piqué au vif, Mercy-Argenteau s'obstine : pour Cobourg cet exploit d'un régiment de cavalerie coûte beaucoup ; mais pour l'empereur, ce sera une goutte d'eau. L'ambassadeur d'Autriche écrit au chancelier de l'empire :

« Est-il de la dignité, ou même de l'intérêt de Sa Majesté l'empereur, de voir le sort dont son auguste tante est menacée, sans rien hasarder pour l'arracher ou la soustraire à ses bourreaux ? »

Le chancelier ne répond pas ; il n'en dit mot à l'empereur.

Toujours stimulé par Fersen, Mercy-Argenteau entreprend d'autres démarches. Cette fois, il veut obtenir la libération de la Reine en recourant aux puissances neutres : « La Suède, le Danemark, la Suisse peuvent faire des offres. »

Cela signifie que des capitaux étrangers pourraient affluer de toutes parts pour acheter quelques membres du Comité de salut public. Les banquiers comptent sur Danton, passé maître dans la diplomatie secrète et les démarches louvoyantes ; si son avidité est grande, il ne s'engage que s'il peut tenir parole et réussir.

En septembre 1793, les dépenses de Danton paraissent effrénées, et son incurie dans la gestion de ses ministères est notoire. Il est abhorré de tous les sans-culottes.

Danton quitte le Comité de salut public tout d'un coup, le 9 septembre. On attribue cette démission à l'entrée au Comité de Robespierre qui, dans son sillage, introduit Collot d'Herbois et Billaud-Varenne. Ces deux hommes sont populaires dans les sections où se groupent les émeutiers.

Le banquier Ribbes, dont le frère vit à Paris, entame une négociation avec Matthew, l'un des agents secrets de Danton. Mais, le 6 septembre 1793, Matthew est arrêté, comme tous les autres banquiers étrangers dont les biens sont confisqués.

A la même époque, Danton, qui se sent menacé, quitte Paris. Il loue une maison à

Choisy. Le 12 octobre, il se fera mettre en congé de la Convention et rentrera chez lui, à Arcis-sur-Aube, d'où il ne reviendra que le 21 novembre.

Le régime révolutionnaire, déjà brusque et dur, devient capable de tous les emportements.

Tout à son idée, Fersen compte pour rien le durcissement du gouvernement révolutionnaire.

Sauver la Reine, c'est facile ! Cela ne dépend que des crédits dont on peut disposer. Fersen veut obliger des banquiers à mettre en jeu leurs biens, leur fortune. Ils se paieront ensuite sur les richesses de la France qu'ils auront servie en sauvant la Reine.

En octobre, Fersen s'en remet à un avocat bruxellois, Aubré, qui demande deux cent mille livres. Le baron de Breteuil, autrefois chargé de la maison du Roi, va collecter de l'argent en Suisse et à Hambourg. Breteuil est confiant. Il a mobilisé assez de banques pour réunir plus de deux millions de livres. Mais tout cet or reste en tas. Le jour où Breteuil dispose de cette somme, Marie-Antoinette comparaît devant le Tribunal révolutionnaire.

Le lundi 14 octobre, à 8 heures du matin, des gardes ont extrait Marie-Antoinette de son cachot. Sous bonne escorte, elle a passé par des chemins très étroits et très sales pour accéder à d'autres, grands et vastes. On lui a fait monter des escaliers surplombés de voûtes. Elle a suivi une galerie, allant d'une porte verrouillée à une autre porte verrouillée. Sous le contrefort du palais, voici encore une petite porte. Elle donne sur une dizaine de marches en colimaçon. Marie-Antoinette est bientôt dans la salle dite de « la Liberté », ancienne Grand-Chambre du Parlement de Paris.

Dès le corridor, l'accusée a entendu la rumeur. Elle devine une foule venue l'insulter ou du moins l'observer. Marie-Antoinette porte une robe noire usagée, un bonnet ordinaire. Bien qu'elle ait l'air d'une pauvresse, elle marche avec grâce. Elle est la plus belle reine malheureuse qu'on puisse voir.

Sans doute a-t-elle encore dans Paris beaucoup d'amis et encore plus d'amies. Ils ont dû s'entasser dans la salle, sans façons. Même les gens les moins poltrons, les plus compatissants n'osent pas se signaler de crainte de se compromettre. Marie-Antoinette ne pourra pas non plus prouver qu'elle porte l'amitié jusqu'où elle peut aller. Un accusé n'a pas les moyens d'exprimer des sentiments élevés. En revanche, les familiarités, les quolibets des « patriotes » corneront aux oreilles de Marie-Antoinette.

La ci-devant Reine prend place. Elle a droit à un fauteuil. En face d'Antoinette sont entrés les jurés. L'un d'eux, le menuisier Trinchard, écrira à son frère :

« Je t'aprans que jé été un des jurés qui ont jugé la bête féroche qui a dévoré une grande partie de la République cela que l'on califiait si devan de Raine. »

Ce menuisier a craché cinq ou six fois puis il a demandé pardon, disant aux autres jurés qu'il ne pouvait voir une ci-devant reine sans cracher.

Marie-Antoinette le sait bien. Elle n'est plus reine, elle est une femme quelconque qui rencontre des jurés quelconques. Pour la juger, Fouquier-Tinville a choisi des citoyens dont la Révolution sait se servir, mais qui n'ont pas la réputation d'être des hommes malhonnêtes.

Il y a l'ancien député Antonelle, le luthier Renaudin, le chirurgien Souberbielle, le cafetier Chrétien, l'ex-commissaire-priseur Besnard, le perruquier Ganney, l'imprimeur Nicolas, le musicien Lumière, le sabotier Desboisseaux, le chapelier Baron, le charpentier Devèze, un certain Fiévé sans profession, enfin Thoumin, ex-procureur syndic de la Mayenne.

A gauche de l'accusée, quatre juges ont pris place sur une estrade.

L'accusateur public, Fouquier Detinville dit Fouquier-Tinville, a son bureau au pied de l'estrade des magistrats. Il est sec, noir, brillant sous ses longs cheveux et son chapeau orné de plumes. Il est impossible de lui résister ; il tourne tout en mauvaise part, blâme cruellement les inculpés et cherche à les terroriser en pointant vers eux un doigt accusateur. Ses sourcils arqués rendent définitivement amers les plis de sa bouche, même ceux du sourire.

Le greffier s'assoit devant la table des jurés. Il se nomme Nicolas-Joseph Paris. Comme c'est aussi le nom de l'assassin du grand *patriote* Le Peletier de Saint-Fargeau, Paris se fait appeler Fabricius.

Les deux défenseurs officieux de Marie-Antoinette sont là. On les a installés à une longue table.

Le président Herman ouvre l'audience. Son rôle est capital : il dirige les débats, maintient l'ordre des discussions, impose de la mesure dans le public. L'accusée ne pourra parler qu'avec sa permission. Antoinette devra lui adresser les interpellations qu'elle destine aux témoins.

Maintenant, le président invite les jurés à prêter le serment dont il lit la formule :

« Citoyens, vous jurez et promettez d'examiner avec l'attention la plus scrupuleuse les charges énoncées contre les accusés ci-dessus nommés ; de ne communiquer avec personne jusque après votre déclaration ; de n'écouter ici ni la haine, ni la crainte, ni l'affection ; de vous décider d'après les charges et moyens de défense et suivant votre conscience et intime conviction, avec l'impartialité et la fermeté qui conviennent à un homme libre. »

Les jurés, l'un après l'autre, avancent la main et disent *je le jure*. L'accusée est restée debout tout le temps qu'a duré le serment. Puis tout le monde s'est assis.

Maintenant, Antoinette est interrogée sur ses nom, surnoms, âge, qualité, lieu de naissance et demeure au moment de son arrestation.

— Marie-Antoinette Lorraine d'Autriche, âgée de trente-sept ans, veuve du roi de France.

Lorraine, ce mot sonne mal. Un tel nom pourrait inquiéter les jurés. Ont-ils un moment l'idée d'un autre tribunal, celui de terribles juges d'inquisition occupés à voir le diable et à tenter de le faire parler dans la personne d'une héroïne, bergère de son état, qui ne savait que son cœur, que son âme ? Les juges de Jeanne d'Arc étaient d'Église, ils n'ont jamais pu venir à bout de cette « devineresse vaticinant faussement au nom de Dieu ».

« Au nom de Dieu » n'est plus de saison. La religion a péri. La foi s'écroule. On peut juger avec une inaltérable sérénité une Marie-Antoinette qui se dit de Lorraine.

Car elle est bien de Lorraine, Antoinette, elle l'est par son père, François-Étienne, né à Nancy le 8 décembre 1708. La mère de François-Étienne était Élisabeth d'Orléans, la nièce de Louis XIV, et sa trisaïcule était la princesse Claude, fille du roi Henri II et de Catherine de Médicis.

Tout est plein de recoupements dans ces lignées généalogiques où chaque roi et chaque reine se plaçaient les uns par rapport aux autres, se protégeaient par des étendards, s'affichaient par des blasons dont les emblèmes attestent les parentés.

Le duc François-Étienne, profondément français d'éducation, est devenu autrichien le 12 février 1736, jour de son mariage avec l'archiduchesse Marie-Thérèse. Vassal du roi de France, il a cédé la Lorraine à Stanislas Leszczynski, le beau-père de Louis XV ; après la mort de Stanislas, la Lorraine est revenue à la France. En échange, François-Étienne a été désigné comme grand-duc de Toscane, puis, en 1745, empereur allemand sous le nom de François-Stéphane. De ce mariage, Marie-Thérèse a eu seize enfants. Elle adorait son époux qui lui laissait tout l'honneur et toutes les charges du pouvoir. Homme de négoce et grand joueur, François-Étienne était devenu l'intendant, le fermier général, le banquier de la Cour.

A sa mort à cinquante-six ans, en 1765, l'ancien duc de Lorraine laissait une immense fortune (18 978 178 florins) et une veuve désespérée. Marie-Thérèse a écrit le jour où son mari est mort :

« Mon heureux ménage a duré 29 ans 6 mois 6 jours et comme l'heure mémorable où je lui ai donné ma main était un dimanche, c'est un dimanche aussi qu'il m'a été enlevé ; cela fait 29 ans, 334 mois, 1 540 semaines, 10 781 jours et 258 744 heures. *Pater noster*, *Ave Requiem*, *Glori Patri* et beaucoup d'aumônes. »

Que Marie-Antoinette soit de Lorraine comme Jeanne d'Arc, qu'elle ait avec Louis XV deux trisaïeuls communs, Louis XIII et Philippe IV d'Espagne, n'a pas impressionné les jurés.

Marie-Antoinette jette maintenant un regard un peu flou, car elle est myope, sur le juge Martial Joseph Armand Herman. C'est un ami de Robespierre, il a été d'abord juge à Saint-Pol, puis à Arras.

Pendant tout le procès, Herman va parler gentiment à l'accusée, faisant tout pour aplanir les difficultés de la procédure. Beau garçon de trente-quatre ans, Herman est un homme cultivé ; tout un côté de son existence se passe à vouloir la peau des autres, mais il occupe le reste de son temps à lire et à jardiner.

Herman est à un tournant de sa vie, il vient d'épouser sa servante, une paysanne illettrée qu'il a préalablement engrossée.

Dans un procès révolutionnaire, il y a un récitant, c'est le greffier. Ce récitant a sous les yeux le fil conducteur qu'est l'acte d'accusation rédigé à la hâte et remis à Marie-Antoinette deux jours avant le procès, le 12 octobre.

Après la lecture de l'acte d'accusation, on appellera les témoins. On leur posera des questions en conformité avec ce document et apportant des précisions qui devraient confirmer et illustrer la nomenclature exacte des turpitudes que le tribunal prête à l'accusée. Sans doute, certains témoins vasouilleront, ils se perdront dans les détails. Qu'importe ! A la fin, le président qui conclura le procès reviendra sur l'acte d'accusation qui, répété plusieurs fois, ne permettra pas la moindre compassion pour l'accusée.

Fouquier-Tinville a rédigé l'acte d'accusation. Jour et nuit au travail ou en audiences, il ne quitte jamais le Palais que pour de rapides beuveries qui ne l'amusent guère et ne font que le rendre plus acariâtre. Depuis 1774 où il a été nommé procureur au Châtelet, on reconnaît à Fouquier-Tinville « l'art de conduire une affaire quelque injuste qu'elle soit, à travers toutes les tortuosités de la chicanc ». Il a vendu sa charge en 1783, *par dégoût* dira-t-il, à moins que ce ne soit par mauvaise santé ou, si l'on écoute les mauvaises langues, parce qu'il voulait se donner un peu de bon temps.

Après le 10 août, se réclamant de sa qualité de *patriote* qui a été jusqu'ici « un titre d'exclusion », Fouquier-Tinville a obtenu de son cousin Camille Desmoulins d'être nommé directeur du jury du tribunal extraordinaire.

La reconnaissance ne compte pas dans les affaires d'État. Le 5 avril 1794, pour ne plus entendre Danton, Fouquier-Tinville fera mettre hors des débats Danton, Desmoulins et leurs pareils. Empoignés par les gardes, les accusés vont perdre leur superbe. Les quinze dantonistes seront absents au moment de la lecture de leur condamnation. « Pourquoi rappeler devant la cour ces petits raisonneurs ? » dira le juge.

En raison du public très nombreux qui se presse à l'audience, Fouquier-Tinville ne se sent pas tout à fait maître de la situation.

Dans cette foule, il y a sans doute des royalistes et aussi de bons diables, des cœurs simples pleins de sentiments. Fouquier-Tinville sait que, tout le temps de l'audience, une erreur d'un cheveu peut attendrir la foule, donc disculper la Reine, la mettre hors du pouvoir du ministère public.

Face à une femme accusée, les hommes ne sont pas loin de l'amour.

Fouquier-Tinville est persuadé que Marie-Antoinette va faire triste mine. Habillée modestement, déchargée des coiffures et des plumes qui la haussaient, des talons qui la grandissaient, des paniers qui affinaient sa taille et faisaient évaser la jupe, Marie-Antoinette n'est plus qu'« une margot ». Fouquier-Tinville sait aussi que le public peut être sensible aux malheurs d'une femme qui n'est plus rien, mais qui, pour avoir été, donne aux épreuves qu'elle subit un tour noble.

Pas de place pour l'émotion, donc ! Il faut que le procès se passe de façon impitoyable. Il faut que les centaines de braves gens qui sont dans la salle ne voient pas dans Marie-Antoinette de l'humilité, mais uniquement, dans toute sa vie passée, un besoin de jouissances personnelles.

Là-dessus, dès 1775, les libelles avaient tout dit. Quand on les feuillette, on sent monter un mépris corrosif : Marie-Antoinette ne fréquente que les jeunes gens — à l'époque, elle a vingt ans. On lui prête des amants : Besenval, le comte de Vaudreuil, le comte Adhémar, le duc de Guines, Lord Seymour, le prince Georges de Hesse-Darmstadt, Lord Strathevon, le duc de Dorset. Une femme qui étale ses hontes est à la fois Catherine de Médicis, Agrippine et Messaline.

Deux courts témoignages répondent à ce flot d'opprobre. Celui de Tilly : « Son éloignement, sa froideur pour les jeunes gens furent au contraire un trait distinctif de son caractère. » Et celui du prince de Ligne : « Sa prétendue galanterie n'a jamais été plus qu'un profond sentiment d'amitié montré à une ou deux personnes en particulier. »

Autrement dit, la joie de Marie-Antoinette était d'échapper à l'indifférence de la politesse de cour pour se donner à la seule amitié.

Faire de Marie-Antoinette une Messaline, une Brunehaut et, pourquoi pas, une Isabeau de Bavière, c'est bien visé. Fouquier-Tinville fait une habile translation entre la pauvre femme en robe noire et des reines sur leur palefroi ou sous l'or des palais, revêtues de robes fendues, de voiles transparents, de huques de drap d'or finement tissé.

Pour traiter ses amis et ses compagnies avec largesse, Marie-Antoinette a puisé dans la poche de son mari qui a toujours fermé les yeux.

Le Roi est tombé dans le trente-sixième dessous par la faute de sa femme. Contre un régime tyrannique et dispendieux, les gens se sont révoltés. Les conseillers avaient prévenu le ci-devant. Il ne les a pas écoutés ; le châtiment, voilà ce qu'il méritait. Il avait trop cédé sur tout, sur la vie de château, sur les réceptions, sur le jeu, sur les dentelles — parlons-en —, on en a trouvé des milliers aux Tuileries, à Trianon.

Pendant tout ce discours de Fouquier-Tinville, Marie-Antoinette s'interroge. Doit-elle faire son *mea culpa* ?

Trianon a coûté deux millions. La belle affaire quand, en 1788, M. de Calonne a évalué le déficit du Trésor à cent soixante millions !

Marie-Antoinette en convient : deux millions c'est une somme, et c'est vrai. Mais « ce qui ne l'est pas, c'est ce qu'on en infère contre moi ».

Le jeu ? Marie-Antoinette se sent moins défendable. En janvier 1777, sur une année, elle a laissé une perte de 481 212 livres qu'elle n'a aucun moyen d'acquitter.

Le Roi paiera, mais il ne veut pas mettre cette somme sur le compte de l'État. C'est sur sa cassette personnelle que Louis XVI économisera pour rembourser par mensualités.

Sur la toilette, Marie-Antoinette sait aussi qu'elle est répréhensible. Il est vrai que les dépenses de la garde-robe de la Reine n'avaient pas été augmentées depuis ses quinze ans, lors de son arrivée à Versailles. Des couturières avaient pris l'habitude d'habiller Marie-Antoinette pour presque rien à cause de « ses entours ». Le malheur voulut que la Reine s'entichât d'une couturière, Mlle Bertin, qui excellait à marier les étoffes et les pierreries et aussi à exploiter les imprudences, les étourderies d'une femme coquette en lui offrant le commerce le plus aisé : Mlle Bertin se faisait payer à terme. Marie-Antoinette y gagna de recevoir des notes faramineuses ne donnant aucun détail des achats.

La liste civile de la Reine était déjà en déficit de 28 000 livres en 1776, elle le sera de 106 000 livres en 1780, soit une dépense totale pour un an de 226 000 livres [1].

Il est probable qu'on volait les habits et ajustements à Versailles, aussi facilement qu'on volait le poisson et la viande.

Enfin, 1780, c'est une année exceptionnelle : le théâtre est achevé. La Reine y joua le 1er août. Les costumes de scène étaient somptueux.

Les bijoux aussi. Un joaillier allemand, Böhmer, était un vrai fléau, il offrait toutes les tentations. En 1776, c'est 600 000 livres pour des pendants d'oreilles en diamants, taillés pour Mme Du Barry. Louis XVI refusa. Böhmer enleva deux diamants et réduisit le prix à 460 000 livres. Six mois plus tard, Böhmer revint à la charge avec une paire de bracelets de diamants de 250 000 livres. La Reine n'avait pas fini de payer

---

1. Pierre de Nolhac, *Autour de la Reine*, Librairie Conard, p. 259.

les pendants d'oreilles. Elle dut emprunter 2 000 louis au Roi qui n'épargna pas les blâmes à sa femme, coupable de préférer ses désirs au bon ordre dans l'État.

Marie-Thérèse fut informée : « Ainsi l'histoire de ces bracelets atteint Vienne, lui écrit sa fille. Je n'ai rien à dire sur eux ; je n'ai pas cru qu'on pût chercher à occuper la bonté de ma chère maman de pareilles bagatelles. »

Marie-Antoinette a-t-elle été prodigue ? Oui, pour ceux qui, à la Cour, regardaient comme mal employé l'argent qui n'était pas pour eux.

Elle n'était pas prodigue, mais généreuse envers les personnes qu'elle voyait dans le besoin. Sa cassette a toujours été en déficit par les bienfaits qu'elle dispensait aux pauvres, comme Louis XVI d'ailleurs.

Fouquier-Tinville l'a écrit et le greffier le répète : « Marie-Antoinette est accusée d'avoir dilapidé les finances de la France, fruit des sueurs du peuple. »

Dilapidé ? se demande Marie-Antoinette. Ne voit-on pas que le Trésor était dilapidé dès l'avènement de Louis XVI ? Il l'était depuis un siècle par les défaites et les victoires des armées, par les pensions versées à la noblesse. *Dilapidé*, le Trésor l'a été par la guerre d'indépendance américaine qui a englouti deux années de revenus. La seule marine a coûté cent quatre-vingts millions en 1780. On disait : la France est riche, elle paiera. La France est riche en tant que terre cultivable, en tant que ports prospères, en tant que villes de luxe comme Paris, industrieuses comme Marseille, Bordeaux, Nantes, Lyon. La France est riche, mais le Trésor était à sec. Qui pouvait le renflouer ? Les privilégiés ne payaient pas l'impôt et le peuple ne voulait plus être seul à faire les frais.

En 1778, il avait fallu appeler Necker. Banquier avisé et populaire, il lança un emprunt auquel souscrivirent beaucoup de gens fortunés. Les intérêts étaient de 8 à 10 pour cent. M. Necker procurait de l'argent sans trop en exiger du peuple. Qu'il s'agît d'une fête, d'un divertissement ou de la guerre américaine, M. Necker payait avec une inaltérable sérénité. Marie-Antoinette s'en souvient : ce ministre ne commença à jeter le trouble que lorsque le Roi parla de le renvoyer. Il osa alors publier un *Compte rendu au Roi* qui, pour la première fois, était un budget. Un chapitre de ce budget traitait des dépenses et des recettes *portées* ou *payées* au Trésor royal pour l'année 1781. Dans le style des grands économistes, Necker avait montré « les munificences » du souverain. Autrefois, les nobles achetaient les charges judiciaires ou autres, maintenant, elles leur étaient offertes avec, en plus, un traitement. Les jeunes mariés nobles allaient à la Cour, en revenaient chargés d'une dot. Sans façon, on faisait appel au Roi pour éduquer son fils ou sa fille. Était-on bien triste avec sur les bras une affaire en faillite ? Le Roi payait. « On eût dit que le Trésor royal devait tout concilier, tout aplanir, tout réparer. » Et comme les pensions ne suffisaient plus, on avait inventé des intérêts de *toutes les tournures*, « que ce soit dans les fermes, dans les régies, dans les étapes de beaucoup de places de finance, dans les marchés et jusque dans les fournitures d'hôpitaux ». Chacun confondait le Trésor royal avec sa propre épargne. Les services royaux accueillaient les quémandeurs en leur disant : « Faites donc. » Necker ajoutait : « C'est à ce genre d'abus dont on ne peut mesurer l'étendue, que j'ai cru devoir opposer les plus grands obstacles. »

En 1783-1784, usant des mêmes emprunts que Necker, le séduisant Calonne mettait les finances « en bonne voie ». Il emprunta deux cent vingt-cinq millions et dut avouer à la fin de son ministère un déficit global de six cents millions.

Encore une fois, Marie-Antoinette devant le Tribunal révolutionnaire ne peut nullement excuser ou même expliquer le pourquoi de la banqueroute.

La moindre intervention de la part de la ci-devant Reine ne serait pas *morale*, ne serait même pas *légale*. Comment avouer que la Cour s'attendait au pire, sans autre remède que de n'y penser pas ?

Le greffier continue donc la lecture de l'acte d'accusation. Ce qu'il dit maintenant repose sur des faits contestables mais qui, dans quelques heures, donneront au jury l'envie et le droit de déclarer la Veuve Capet coupable sur tous les points de l'acte d'accusation.

« Il est notoire, déclare le greffier, que Marie-Antoinette a fait passer, à différentes époques, à l'empereur des millions qui lui ont servi et lui servent à soutenir la guerre contre la République. »

En 1785, en effet, au traité de Fontainebleau, la France a accepté de payer quatre millions et demi à l'Autriche. A ce prix, Louis XVI avait acheté la neutralité de la France en Europe.

Dans toute cette histoire fort longue et embrouillée, Marie-Antoinette avait dû laisser parler toute sa famille : son mari, son frère, sa mère, avant elle-même.

Depuis 1777, l'empereur Joseph II avait des vues sur Maastricht et la réouverture des bouches de l'Escaut. Craignant la ruine d'Amsterdam, qui pouvait être supplanté par Anvers, la Hollande armait. Louis XVI croit à la loi du plus fort. Alliée à l'Angleterre et à la Prusse, la Hollande, si petite soit-elle, aura raison de l'Autriche. La seule attitude à adopter, c'est la neutralité.

Marie-Antoinette, mêlée habituellement à la petite histoire, pour une fois a été mêlée à la grande. Sa mère lui a fait la leçon : « Soyez bonne Allemande, vous serez bonne Française. » La France et l'Autriche doivent être intimement liées. Marie-Antoinette a fait venir Vergennes, ministre des Affaires étrangères :

— Oubliez-vous, monsieur, que je suis la sœur de l'empereur d'Autriche ?

— Je n'oublierai jamais que vous êtes la sœur de l'empereur d'Autriche, mais je penserai surtout que vous êtes la mère du dauphin de France.

Marie-Antoinette a cédé. Joseph II aussi. Faute des Pays-Bas, l'empereur voulait la Bavière. En échange de ses bons offices, la France recevrait le Luxembourg et le Namurois. Vergennes demandait plus. Il voulait toutes les provinces belges de l'Autriche. Puis Vergennes se ravisa, la France ne pouvait, pas plus que l'Autriche, et pour les mêmes motifs, mener une guerre de conquête contre la Hollande. Finalement, Louis XVI avait reconnu « la nécessité d'une étroite union entre les maisons d'Autriche et de Bourbon ». Cette alliance avait *un objet défensif* et elle écartait l'idée d'une guerre contre les Pays-Bas. La France « restait fidèle à la politique de désintéressement et de paix ».

Marie-Antoinette s'interroge. En quoi, entre l'Autriche et la France, son intervention a-t-elle changé le cours de l'Histoire ? Tout au plus, le 20 novembre 1785, elle a retardé de cinq jours une lettre où Louis XVI exigeait que l'empereur renonçât à l'estuaire de l'Escaut. Pour éteindre le feu d'une guerre dont les suites pouvaient être incalculables, Joseph II avisait aussitôt Versailles qu'il traiterait avec la Hollande pourvu qu'il fût indemnisé. Sur l'indemnité, les Hollandais et les

Français ont longtemps marchandé. On finit par convenir qu'elle serait de dix millions de florins ; la France paierait quatre millions et demi.

Le 8 novembre 1785, le traité de Fontainebleau a pu être signé entre l'empereur d'Autriche et la Hollande.

Depuis un certain temps, Marie-Antoinette n'écoute plus le greffier qui l'attaque et, par moments, l'insulte.

Brusquement, Marie-Antoinette se ressaisit. Il est question maintenant de la nuit du 4 Août. Là aussi, elle se souvient... Toute la noblesse de l'Assemblée ainsi que tout le clergé ont fait abandon des droits féodaux attachés à leur personne avec l'idée de sauver les droits attachés à leurs terres. Cette mesure allait peut-être calmer la peur des actes de brigandage qui, dans toute la France, se propageait de village en village. Des bandes mettaient les châteaux à sac, puis les propriétés et, quand il n'en restait plus, les jardins, les troupeaux...

La grande peur : ceux qui l'ont vécue, l'ont appelée ainsi, car, après qu'on l'avait subie, on ne pouvait plus avoir peur de la mort.

La Reine est accusée de s'être opposée à la sanction par le Roi des décisions hâtives de la nuit du 4 Août. Dès les 30 et 31 août, Camille Desmoulins et Saint-Huruge ont tenté d'entraîner les districts parisiens à Versailles pour imposer à Louis XVI « la volonté du peuple ».

Louis XVI et la Reine se méfient de ce

mouvement révolutionnaire. Que veut le peuple ? Forcer le Roi à accepter les décrets du 4 août, installer le Roi et l'Assemblée à Paris.

Pour protéger Versailles, le Roi a fait venir le régiment de Flandre, invité à fraterniser au cours d'un repas avec les gardes du corps.

Là, Marie-Antoinette écoute le greffier :

« Le premier octobre 1789, ce repas est dégénéré en une véritable orgie, ainsi que la Veuve Capet le désirait ; pendant le cours de cette orgie, les agents de la Veuve Capet, secondant parfaitement ses projets contre-révolutionnaires, ont amené la plupart des convives à chanter, dans l'épanchement de l'ivresse, des chansons exprimant le plus entier dévouement pour le trône et l'aversion la plus caractérisée pour le peuple, et les a insensiblement amenés à arborer la cocarde blanche et à fouler aux pieds la cocarde nationale. Elle a, par sa présence, autorisé tous ces excès contre-révolutionnaires, surtout en encourageant les femmes qui l'accompagnaient à distribuer des cocardes blanches aux convives ; elle a, le 4 du mois d'octobre, témoigné la joie la plus immodérée de ce qui s'était passé à cette orgie. »

La fête que les gardes du corps ont offerte au régiment de Flandre et où parurent le Roi et la Reine tenant le Dauphin, ne fut pas une orgie. On y chanta l'air d'un opéra de Grétry : « Ô mon Richard, ô mon Roi, l'univers t'abandonne... » et l'on y hua les « patriotes ».

Depuis la fin de 1788, le mot *patriote* désigne les partisans d'une démocratie nationale fondée sur la liberté et l'égalité.

Le greffier accuse maintenant la Reine d'avoir fait paraître, dès le début d'octobre 1789, des brochures contre-révolutionnaires.

Marie-Antoinette se souvient surtout du journal de Gorsas, *le Courrier*, qui a répandu la nouvelle. Elle n'oublie pas l'appel lancé par Marat le 5 octobre dans *l'Ami du peuple*, journal qui paraît depuis le 12 septembre :

« Il n'y a pas un instant à perdre : tous les bons citoyens doivent s'assembler en armes, envoyer un nombreux détachement pour enlever les poudres d'Essonnes ; chaque district doit retirer ses canons de l'Hôtel de Ville. La milice nationale n'est pas assez dépourvue de sens pour ne pas sentir qu'elle ne doit jamais se séparer du reste de ses concitoyens ; que, loin d'obéir à ses chefs, s'ils s'oubliaient au point de donner des ordres hostiles, elle doit s'assurer d'eux. Enfin, si le péril devient imminent, c'en est fait de nous, si le peuple ne nomme un tribun et s'il ne l'arme de la force publique. »

Camille Desmoulins a confirmé la présence de Marat à Versailles : « Marat vole à Versailles, revient comme l'éclair, fait à lui seul autant de bruit que les quatre trompettes du jugement dernier et nous crie : ô morts, levez-vous ! »

Selon le greffier, ce n'est pas Marat, ni Desmoulins, ni Loustalot qui, le 5 octobre, ont soufflé sur le feu. C'est le comité de trente-deux membres de la noblesse, bien décidés à transférer l'Assemblée et le gouvernement à Soissons ou à Compiègne. En même temps, la Reine incitait le Roi à rétablir l'Ancien Régime.

Le greffier impute même à Marie-Antoinette les pamphlets où « elle était dépeinte sous des couleurs peu avantageuses pour prouver aux puissances étrangères qu'elle était calomniée et maltraitée par les Français ».

Maintenant, la Reine est prête à tout entendre et elle s'attend à tout. Elle a toujours aimé le romanesque ; cette fois, elle en a horreur, elle est plongée dans un romanesque qui l'outrage.

Écoutons au hasard...

Le greffier confirme que la Reine a voulu, en octobre 1789, affamer Paris. Les boutiques étaient vides, « le lendemain de l'arrivée de la Veuve Capet et de sa famille à Paris, l'abondance a régné ».

Chassés de Versailles, les principaux chefs de la contre-Révolution se retrouvent aux Tuileries. « La nuit, l'on y avisait aux moyens d'anéantir les Droits de l'homme et les décrets déjà rendus, et favorables au peuple. »

En juin 1791, la Veuve Capet, de mèche avec « son favori La Fayette », presse le départ du ci-devant Roi qui est arrêté à Varennes. Au retour, La Fayette s'est réservé toutes les clôtures, portes, serrures, grilles des Tuileries pour que seuls les conspirateurs entrent et passent inaperçus. « Dans ce lieu infâme, des conciliabules ont déterminé l'horrible massacre qui a eu lieu le 17 juillet 1791 au Champ-de-Mars. » Ce massacre a été précédé et suivi de beaucoup d'autres, « organisés pour faire rentrer les Français sous le joug tyrannique ».

La Veuve Capet a fait déclarer la guerre au roi de Bohême et de Hongrie. Pour anéantir la nation, elle a instruit l'adversaire des mouvements que devaient faire les armées de la République. Elle est « l'auteur des revers qu'a éprouvés l'armée française ».

Là, Marie-Antoinette doit rendre justice à l'accusation. Intérieurement, elle se sent prise en faute. Dès le 21 janvier 1792, l'ambassadeur d'Autriche lui avait recommandé de faire connaître aux armées autrichiennes « les mouvements de chaque jour et les intrigues de tous les partis ». A la veille de la déclaration de la guerre à l'Autriche, Marie-Antoinette avait écrit à Vienne : « M. Dumouriez a le projet de commencer par une attaque de la Savoie et une autre dans le pays de Liège. C'est l'armée La Fayette qui doit servir à cette dernière attaque. Voilà le résultat du conseil d'hier aux Tuileries. »

Le greffier reprend : Antoinette a rempli les Tuileries de gardes suisses jusque dans les souterrains, « elle les a entretenus dans un état d'ivresse dans la nuit du dimanche 9 août. Le 10 au matin », elle a convaincu ces gardes qu'il fallait tirer sur le peuple.

Maintenant, il faut s'attendre à tout.

La Veuve Capet « n'a pas craint de se livrer avec Louis-Charles Capet, son fils, et de l'aveu de ce dernier, à des indécences dont l'idée et le nom seul font frémir d'horreur ».

Cette accusation va revenir, reprise par d'autres témoins.

Il n'y a pas de fumée sans feu, dit-on.

Une chose est sûre : au Temple, Simon a surveillé étroitement la Reine, les princesses et le petit Louis-Charles Capet.

Les femmes disent parfois à l'enfant de se déshabiller. Simon voit ce beau corps tout mignon que les princesses soulèvent, remuent. Il est vivace, le petit, mais les femmes lui nouent d'autorité des bandages autour du bas-ventre et du sexe. Simon est un dessalé ; ce n'est pas question d'habiller le gamin qu'elles agissent ainsi.

Au mois de juin 1793, le Dauphin s'était blessé aux parties sexuelles en chevauchant un bâton. Le médecin des prisons, Thierry du Bussy, appela en consultation un chirurgien, Soupé, qui lui-même recommanda des bandages. Dans un premier temps, un spécialiste, médecin de la Cour, Hippolyte Pipelet, a soigné le Dauphin. Hué par la Commune, Pipelet a dû interrompre le traitement. La Reine le relaya. Elle craignit sans doute que cet engorgement du *témoin* gauche [1] ne provoquât une *ectopie*, un défaut de migration

1. *Témoin*, du latin *testis* au pluriel *testes* : testicule. L'expression date du XIIe siècle.

d'un ou des deux testicules. D'où un redoublement de soins.

Le Dauphin a sans doute fait une fixation sur ce traitement que Simon, qui « n'y comprend berloque », transforme en « indécences nuisibles à la santé » de l'enfant. Le Dauphin a tendance à répéter ce qu'on lui rabâche. En juillet 1793, laissé seul avec Simon, il se fera l'écho des propos de son gardien, il chargera sa mère et sa tante devant les représentants du Conseil de la Commune qui viendront l'interroger le 6 octobre 1793, douze jours avant la mort de Marie-Antoinette.

Ni Simon, ni Hébert, ni le médecin Lagny, ni Pache, le maire, ni le fabricant de chocolat Heussé, administrateur de police — tous ont assisté à l'interrogatoire —, ne soulèveront l'hypothèse que Marie-Antoinette voulait seulement que son fils fût un homme, un vrai. Le sang du Roi est divin, sa semence aussi. La Reine n'a pas honte de se livrer à ces manipulations. La honte serait que la semence du Dauphin, dans deux ou trois ans, ne gonfle pas ses *témoins*.

Hébert et ses complices de la Commune, veulent prouver que Marie-Antoinette a agi avec son fils comme Agrippine avec Néron.

Sur la génération, toute cette époque a d'ailleurs des idées sommaires. La vie est entièrement contenuc dans le sperme. L'ovule n'est là que comme réceptacle, un engrais dans lequel le sperme se développe jusqu'à l'accouchement.

D'où l'importance que les mères attachent aux organes sexuels de leurs fils.

Le greffier s'est assis. Maintenant, il prépare ses plumes d'oie ou de corbeau pour recueillir les dépositions.

L'air altier, les narines pincées, Marie-Antoinette attend les témoins. Ils sont une quarantaine. Le public rigole, se pousse du coude... La Capet n'a pas fini d'en entendre de belles... Hébert est sur la liste des témoins.

Marie-Antoinette sait que chaque phrase sera assassine : un dard, une épée, une flèche acérée. Pendant tout ce temps, elle va faire sa prière : « Miséricorde, doux Jésus. Marie, agneau du Ciel, priez pour eux. Pardonnez leurs offenses. Marie, vous ne pouvez pas les croire, bien sûr ! Comme ils mentent bien ! Croyez-moi, Marie, et pardonnez-leur, je vous en supplie. »

Le président rappelle aux témoins qu'Antoinette ne peut s'adresser à eux. Elle ne prendra la parole qu'après l'avoir sollicitée et si le président l'y autorise.

Premier témoin : Laurent Le Cointre. Fils d'un marchand de toiles, il est né à Versailles le 1er février 1742. Après que son père lui eut confié des affaires à Alençon puis à Lisieux, en 1784 il a ouvert une grande blanchisserie à Sèvres, sans abandonner la maison de commerce de son père. En 1789, orgueilleux, plein de faconde et riche,

Le Cointre s'est donné le grade de lieutenant-colonel de la garde nationale de Versailles.

Cet homme avait toujours été, à Versailles, un peu mêlé à la vie de cour. A la ville, Le Cointre vivait dans les richesses et même dans la galanterie. Il prenait part à la petite histoire, il voulait entrer dans la grande. C'est à lui que Marie-Antoinette s'est adressée le 13 août, lors de sa translation au Temple, « à l'effet d'obtenir de la Convention, pour ce qu'elle appelait son service, treize ou quatorze personnes qu'elle désignait ».

Le Cointre traitait les valets de Versailles et de la Cour sur le pied de la familiarité. Comme il les plaçait, les protégeait, les gageait, il en était adoré. Il savait par eux les excès de toutes les maisons, celle des princes comme celle du Roi en particulier.

Justement, Le Cointre est là pour parler de Trianon qui était, dit-il, « le repaire des débauches d'Antoinette et de son exécrable cour ».

De tels propos tenus en 1793 choquent doublement Marie-Antoinette. Trianon n'a jamais été pour elle qu'un lieu de plaisance. Le matin, on allait traire les vaches et, l'après-midi, l'on s'adonnait à quelques jeux de société. Le soir, il y avait parfois des soupers avec illuminations, spectacles de la Comédie-Française, des Italiens ou de l'Opéra. Toute la société chantait les couplets. Dans ce petit monde féerique, la Reine « déployait ses grâces envers les personnes qu'elle mettait à une haute place ». Trianon n'a jamais été un lieu réservé à un petit clan. Quand deux cents personnes étaient invitées, il en venait six cents.

Marie-Antoinette sait aussi qu'en 1793, Trianon, comme Versailles, n'est plus que ruines. L'on a vendu les armoires, les secrétaires, les commodes, les tables, les consoles, les faïences, la verrerie, etc. De vraies richesses nationales ont pris le chemin de l'Angleterre, de l'Allemagne, de la Russie. Puis on a enlevé les serrures, les portes, les glaces, les dessus de portes peints... L'on a vidé, des caves au grenier, les réserves de la demeure où furent données tant de fêtes, l'été, dans les bosquets illuminés.

Le Cointre le rappelle : entretenus maintenant aux frais de la République, Trianon et ses jardins « servent aux jouissances du peuple et forment des établissements utiles à l'agriculture et aux arts ».

Le Cointre entre ensuite dans les détails des orgies, fins repas, lits merveilleux et autres choses semblables. On s'est gobergé à Versailles, de l'année 1772 jusqu'au commencement de 1789.

Les propos de Le Cointre n'ont aucun sens, mais il captive les juges car il éclabousse la Reine qui ne peut répondre.

« Orgies », c'est vite dit. Jamais les limites du savoir-vivre, de la discrétion, du bon goût n'ont été plus respectées que dans l'intimité du Roi et de la Reine. Sans doute, le Roi était gourmand jusqu'à en vomir. Il dormait souvent, partout, peu ; il se réveillait net et se trouvait comme s'il n'eût pas dormi. Le Roi n'avait aucun goût pour les femmes, hormis la sienne pour laquelle il manifestait sans cesse « un empressement que rarement la maîtresse la plus chérie fait naître [1] ».

Pour la Reine, « orgies » n'est pas plus crédible. Tout au plus peut-on l'accuser d'une certaine liberté d'allure qui heurtait le conformisme de la Cour. Elle aimait l'amitié, celle d'hommes et de femmes qui lui plaisaient et à qui elle donnait sa confiance.

Avec ce petit monde, Marie-Antoinette faisait bande à part. Et là, elle arrangeait sa vie de manière que son bonheur se maintienne. Elle chantait, jouait de la harpe, donnait la comédie ou posait pour des peintres. Mais bientôt, la Cour s'aperçut que la Reine faisait au milieu de ses plaisirs une place aux affaires publiques. Dans son cénacle, on destituait et choisissait des ministres, on donnait des charges, y mettant beaucoup de grâce mais très peu d'ordre.

Bientôt, on l'a vu, la noblesse détesta la Reine. La confusion des amitiés qui se faisaient et se défaisaient avait pris le pas sur les préséances réglementaires et les prérogatives.

La Reine se trouva prise dans une conjuration « sans chefs, sans poignards, sans poison, sans

---

1. *Mémoires* du baron de Besenval, Mercure de France, 1987, p. 460.

effusion de sang[1] », mais pleine de calomnies, alors qu'elle se croyait la meilleure femme du monde, vivant avec un naturel simple, vrai, bien différent de toutes les grimaces de cour.

Marie-Antoinette a été une reine pudique et, sous l'apparence d'un grand orgueil, elle cachait sa timidité. Elle était aimable et aimait à tomber dans le sentiment. La sentant inquiète au fond, les hommes croyaient qu'il était facile de la séduire. Toutes les familles ont voulu se servir d'elle en lui tendant des pièges. Le prince de Ligne a observé tout ce manège : « C'était la maison de Noailles qui voulait qu'elle en prît le vicomte. Tantôt la cabale Choiseul lui destinait le duc de Gontaut Biron qui depuis... Mais alors il était vertueux. »

A vrai dire, la Reine fuyait les ennuyeux : « C'était l'une de ses étourderies et l'un de ses plus grands crimes. Ses promenades, ses chasses du bois de Boulogne, de Verrières étaient trop jolies pour qu'on n'enviât pas ceux qui étaient invités. C'est de même qu'on nous a gâté nos charmantes et innocentes nuits de la terrasse de Versailles qui avaient l'air de bals d'Opéra[2]. »

Le jeune comte de Fersen a été nommé, au prix de cent mille livres, colonel propriétaire du *Royal suédois* le 21 septembre 1783. C'était alors

1. *Mémoires* du baron de Besenval, *op. cit.*, p. 459.

2. Prince de Ligne, *Mémoires*, Éd. François Bourin, 1989, p. 104.

un homme très bien fait, d'un visage agréable. Il montrait beaucoup de feu et de vivacité et, en même temps, savait rester doux, poli, respectueux, affable. Il aimait la France, le Roi, la Reine et voulait le bien pour le bien.

Marie-Antoinette a connu Fersen alors qu'elle était dauphine, le 30 janvier 1774, au bal masqué de l'Opéra. « Madame la Dauphine, écrira Fersen dans son *Journal*[1], me parla longuement sans que je la reconnaisse. Quand enfin elle se fit voir à tout le monde, chacun se groupa autour d'elle, aussi se retira-t-elle dans une loge. » En 1774, ils ont, tous les deux, dix-neuf ans.

Fersen a-t-il été l'amant de la Reine ?

Tous les historiens de Marie-Antoinette ont posé cette question. Ceux qui ont conclu à un amour sensuel, exigeant, de la part de Marie-Antoinette, n'ont malheureusement pu citer de témoignage venant de Fersen ou de la Reine. Des sept lettres écrites par Fersen à Marie-Antoinette entre 1783 et 1789, aucune n'est parvenue jusqu'à nous. Dans son *Journal*, Fersen se montre déférent, chevaleresque. Les lettres chiffrées que Marie-Antoinette a envoyées à Fersen pendant la période révolutionnaire sont entièrement politiques. Si Marie-Antoinette semble écouter les battements de son cœur, c'est pour se plaindre du sort de sa famille, de ses

1. Publié par le baron de Klinckowtröm.

projets de fuite, de l'attitude des puissances étrangères qui seules peuvent récupérer vivants Louis XVI et la Reine. Des lignes de ces lettres ont été rayées ou remplacées par des points. Rien dans le contexte ne permet de dire qu'il y a place pour des mots d'amour. La seule lettre vraiment tendre date du 11 septembre 1791. Marie-Antoinette l'a écrite non pas à Fersen dont elle a perdu la trace, mais au comte Valentin Esterhazy qui, espère-t-elle, servira d'intermédiaire :

« Je suis charmée de trouver cette occasion pour vous envoyer un petit anneau qui, sûrement, vous fera plaisir. Il s'en vend prodigieusement ici depuis trois jours, et on a toutes les peines du monde à en trouver. Celui qui est entouré de papier est pour lui ; faites-le bien tenir pour moi. Il est juste à sa mesure, je l'ai porté deux jours avant de l'emballer. Mandez-lui que c'est de ma part. Je ne sais où il est ; c'est un supplice affreux de n'avoir aucune nouvelle et de ne savoir même pas où habitent les gens qu'on aime... »

Cette lettre n'est pas bien compromettante. C'est sûr, Fersen fait partie *des gens* que Marie-Antoinette aime ; à vrai dire, elle aime tous ceux qui l'aident. L'anneau fleurdelisé en cadeau n'est rien de plus qu'une marque de reconnaissance, une sorte de décoration. A mesure que les mois vont passer, la captivité se resserrer, Marie-Antoinette se sentira un peu protégée par l'amitié de Fersen. S'il est l'*amant*, il est pour elle l'amant de vie, l'amant de liberté ; il est, lui, l'amant de gloire qui a préparé tout le départ vers Montmédy. En rêvant que seul il pouvait sauver la Reine, Fersen s'est mis dans la tête qu'il atteindrait la grandeur idéale ; il serait le passionné de puissance et de gloire capable de délivrer les souverains.

Il est vrai qu'à Versailles, pendant les belles années, Marie-Antoinette a vécu entourée d'un cercle de beaux officiers français, anglais, allemands ou suédois. Ayant gardé longtemps un léger accent, elle était plus à l'aise avec eux que devant les gens de la Cour. Elle aimait faire son petit effet. Mais son tact autant que sa majesté tenaient les prétendants à distance. Cette femme réservée, après la naissance de ses enfants et se sachant diffamée par les libelles, est devenue franchement prude.

« Je ne vois point de femmes séparées de leur mari, déclare-t-elle en refusant de recevoir la princesse de Monaco [1]. »

Tous les hommes cités dans les pamphlets ou qui, par leurs confidences, ont pu faire croire à des frasques de la Reine, n'étaient que des prétendants de Pénélope dans la maison d'Ulysse. Ils menaient à Versailles ou à Trianon une vie faite de promenades, de bonne chère, de jeux mondains, de mascarades — oisive existence d'*amants honoraires*. Marie-Antoinette a confirmé tout cela quand elle disait à Mme Campan :

1. André Castelot, *Marie-Antoinette*, *op. cit.*, p. 202.

« Mais s'il est méchant de la part des autres de me supposer des amants, il est bien plus singulier que j'en aie tant à ma charge et que je me passe de tous. »

Le comte d'Hézecques, qui fut un page de Marie-Antoinette, a écrit :

« Au reste, si la Reine admettait chez elle le comte de Fersen, MM. de Vaudreuil et de Coigny, le vieux Besenval y était aussi appelé. Depuis dix ans toutes ces calomnies ont cessé, parce qu'elles sont devenues inutiles... et aucune anecdote répandue au commencement de la Révolution ne s'est confirmée ; le silence le plus complet a enseveli toutes ces horreurs. J'ai questionné, j'ai écouté avec autant d'avidité que de prudence, j'ai consulté les personnes attachées à la Cour, à la Reine, et tout m'a confirmé dans mon respect pour sa vertu. »

Si Fouquier-Tinville avait pu repérer quelque incident de nature à compromettre Marie-Antoinette, il aurait fait citer au procès l'écuyer, la dame d'honneur, la femme de chambre, le valet de pied, le page ou le garde indiscrets.

La nuit du 13 février 1792, où Fersen, déguisé en courrier, est venu aux Tuileries, n'a pas été pour Marie-Antoinette une nuit d'amour comme on l'a dit ; c'est une nuit d'approche. Fersen arrive tard à Paris, il se cache chez une amie en attendant d'être introduit au château pour y préparer avec le Roi et la Reine une démarche diplomatique.

Au cours de la déposition, Le Cointre a parlé de « la Polignac » : elle avait la Cour à ses pieds, à commencer par les enfants du Roi, les ministres les plus accrédités et, bien sûr, la Reine « qui lui faisait place dans ses orgies ».

Marie-Antoinette n'a jamais pris la calomnie au sérieux. Librement, elle s'est permis d'écrire là-dessus à sa mère : « Les amants ne suffisaient pas, on me prête le goût des femmes. »

Nommée en 1783 gouvernante des enfants de France, Mme de Polignac n'avait rien d'une intrigante. Éprise de calme, vite fatiguée par la Cour, elle semblait ne pas vouloir s'occuper de ce qui se passait en dehors et au-delà d'elle. Elle donnait toujours l'impression de vivre sans désir. Cette tranquillité rassurait la Reine qui n'avait pas vu le pandémonium des ambitions qui entouraient Mme de Polignac. La Reine donna des ordres pour qu'on installât Mme de Polignac au premier étage du château, dans un appartement immense compris entre la cour Royale et celle des Princes. Ainsi, la Reine n'était jamais séparée de sa favorite. Et même, elle avait pris soin de récupérer deux pièces appartenant au duc d'Aumont, pour appeler ou visiter Mme de Polignac sans passer par la salle des gardes.

Après les « orgies » d'avant la Révolution, Le Cointre parle de celle des gardes du corps.

Il y a, là aussi, bien des rivalités. Pour s'opposer aux troupes royales, Le Cointre a organisé à Versailles une garde nationale bourgeoise sur le modèle de celle de Paris. Le prince de Poix, « qui avoue s'être laissé entraîner à l'idée d'un meilleur ordre des choses », a évincé Le Cointre. Il a nommé un état-major dont le comte d'Estaing est devenu commandant général, et Gouvernet le commandant en second.

Sur ordre de cette garde nationale versaillaise, tous les valets du Roi de la dernière classe ont été habillés, dès juillet 1789, en lieutenants ou capitaines de la garde nationale ; les musiciens du Roi aussi.

« Le Roi en fut très offensé. » Il préféra se passer de ses serviteurs ou leur fit défendre de « paraître avec un costume aussi déplacé [1] ».

Mais il était difficile de ne pas voir ces gardes faisant exprès de flâner dans les endroits les plus fréquentés de Versailles.

Un dimanche de juillet, à la chapelle, le Roi et la Reine ont eu la surprise d'entendre un motet chanté par un castrat italien ayant revêtu l'uniforme des capitaines de grenadiers.

Dans la nuit du 30 au 31 juillet, tous les gardes français ont déserté le palais. Ils ont emporté les armes, les housses, les caparaçons et, bien sûr, les chevaux. Seuls les gardes du corps sont restés au service du Roi.

Le Roi, se voyant abandonné, comprit que lui

1. Mme Campan, *Mémoires*, Mercure de France, 1989, p. 223.

et sa famille étaient à deux doigts de leur perte. C'était miracle que sa vie n'eût pas déjà été en danger. Il le devait à l'indifférence avec laquelle il recevait les injures. Mais cette placidité était aussi néfaste. Même les tièdes se lassaient de voir le Roi devenir le jouet des circonstances.

A mesure que le temps passait pendant l'été 1789, on ne comprenait pas comment la famille royale pouvait rester en place dans un palais où elle vivait sans protection.

Le 25 septembre, le Roi s'est enfin décidé à faire appel au régiment de Flandres. Ces troupes vont-elles fraterniser avec la garde nationale *patriote* ou avec les gardes du corps *royalistes* ?

Selon Le Cointre, le 29 septembre, un premier repas a mêlé les soldats du régiment de Flandres aux « citoyens » de Versailles. « Il ne s'est rien passé de contraire aux principes de la liberté. »

Le 1er octobre, toujours selon Le Cointre, un repas fut donné dans la grande salle des spectacles du château. Les gardes du corps ont alors réclamé aux officiers et aux troupes du régiment de Flandres plus de dévouement, plus de sacrifice, pour servir le Roi. Les soldats bien embrigadés ont dû chanter en chœur, accompagnés par un orchestre, l'air de Grétry : « Ô mon Richard, ô mon Roi ».

Ces troupes qui exultaient rendirent du courage à la Reine. Pour porter plus haut le mérite de ces soldats, elle voulut apparaître dans une loge, même si elle avait au préalable décidé de « ne pas avoir une part directe à la fête[1] ».

Le Roi revenait de la chasse. Il accepta lui aussi d'être présent. Ayant à ses côtés la Reine qui portait le Dauphin, ils allèrent de table en table et « on porta leurs santés avec des acclamations d'amour et de joie », écrit Chamfort. L'orchestre jouait un air du *Déserteur* : « Peut-on affliger ce qu'on aime[2] ? »

Il y avait là deux cent quarante convives et les loges étaient garnies d'environ trois mille spectateurs.

Le Cointre a dit que des cocardes blanches furent mises aux chapeaux. Marie-Antoinette voudrait démentir : « Quelques gardes versaillais invités à ce repas retournèrent leurs cocardes nationales qui étaient blanchies au-dessous[3]. » Des dames donnèrent les rubans qu'elles portaient à leur tête.

Au milieu de la nuit, des soldats pris de vin dansèrent dans les cours du château. Deux d'entre eux escaladèrent le balcon de la chambre royale en criant :

— C'est ainsi, Sire, qu'on monte à l'assaut ; nous nous vouons à votre service seul[4].

1. Mme Campan, *Mémoires*, *op. cit.*, p. 226.

2. *Le Déserteur*, opéra de Pierre Alexandre Monsigny, musicien du Roi.

3. Mme Campan, *Mémoires*, *op. cit.*, p. 227.

4. Marquis de Vergennes.

Louis XVI tendit la main à ce Jean-Baptiste Hébain, dit Perceval, arrivé à la chambre du prince. Cité comme témoin du procès, Perceval confirmera qu'« il s'est hissé ce soir-là jusqu'au balcon du ci-devant Roi ».

Ces manifestations étaient maladroites. Dans Paris où l'agitation couvait, la Cour semblait vouloir hausser le ton. Elle manifestait sa puissance en rassemblant des troupes mercenaires qu'elle n'était pas sûre de pouvoir payer demain. Combien d'hommes avaient ainsi rejoint la milice nationale de Versailles commandée par le comte d'Estaing ? Un millier tout au plus. Entre les gardes nationaux de Paris au nombre de vingt-quatre mille et ce petit régiment des Flandres affecté à la sécurité du Roi, la disproportion était telle que Paris ne craignait rien. Paris ne vivait pas sous la « menace effarante » qu'annonçait la presse républicaine. Pourtant, dans les sections parisiennes, la tentation était grande de sauter sur l'occasion pour saisir le Roi et la Reine et les obliger à s'installer à Paris. C'était préparer leur abdication devant la Commune, laquelle, par l'émeute, ferait trembler l'Assemblée nationale.

Le lendemain, à l'Assemblée qui siège encore à Versailles, on a parlé de cette affaire dans un grand tumulte. Selon Chamfort, on épiait le Roi et on avait besoin qu'il fît une faute. Des tribuns dénoncèrent les *orgies* des gardes du corps. Pour sauver le Roi, Mirabeau crut habile de *flétrir* la Reine. En privé, il a dit :

— Le Roi et la Reine périront et la populace battra leurs cadavres.

Le festin des gardes du corps incitait la population parisienne à s'attendrir sur ses malheurs. Les femmes faisaient queue de longues heures, sous la surveillance de la garde nationale, dans l'espoir d'acheter fort cher un mauvais pain. On faisait queue à la Caisse d'escompte de peur de la faillite. On faisait queue pour obtenir des passeports, et deux cent mille en avaient été délivrés du 14 juillet au 10 septembre.

L'industrie de luxe disparaissait. Les domestiques, tailleurs, perruquiers, cordonniers, couturiers qui, dès le matin, se pressaient dans l'antichambre des grands et des riches bourgeois, se trouvaient sans travail. Tous s'assemblaient à la Commune où ils retrouvaient les ménagères dont les familles avaient faim.

La municipalité dut ouvrir des ateliers de charité.

Dans un Paris de six cent mille habitants surexcités par la misère, seuls les journaux se vendaient. Ils informaient, mais surtout *déformaient*. Camille Desmoulins, Gorsas, Élisée Loustallot, ancien avocat de Bordeaux, créaient un nouvel empire, celui de l'opinion. Jusque dans les jours calmes, les heures creuses, ces journaux, pour être lus, lançaient des nouvelles alarmantes et parlaient de « châtier les traîtres ». Le public se ruait sur ces feuilles, il semblait leur savoir gré de les arracher à l'insupportable lassitude d'attendre une catastrophe sans savoir quelle forme elle prendrait. Des journalistes écrivaient ainsi ce qui leur passait par la tête à 4 heures du matin et, dès le jour, ils ameutaient et excitaient une bande de furieux.

Le 5 octobre, une foule de sept mille à huit mille personnes force l'Hôtel de Ville mal défendu par la garde nationale, et s'empare des canons.

La Fayette prend au sérieux la menace du cortège qui veut aller à Versailles. Il tente d'arrêter la cohue. Vingt fois, il est couché en joue. Un jeune homme a pris la bride du cheval de La Fayette :

— Mon général, jusqu'ici vous nous avez commandés, mais maintenant, c'est à nous de vous conduire.

— A Versailles ! crie la foule.

La Fayette suit, « gardé par ses propres troupes qui le soupçonnent et le menacent ».

A Versailles, le Roi revient de la chasse. On appelle aussi la Reine, assise dans sa grotte à Trianon.

François-Emmanuel Guinard, comte de Saint-Priest, ancien ambassadeur, ministre de la Maison du Roi, presse la famille royale de prendre du champ, de partir au galop pour Rambouillet [1].

1. Saint-Priest, *Mémoires*, t. II, p. 1 à 6.

Saint-Priest est soutenu par La Luzerne et La Tour du Pin [1]. Mais Necker est contre et pense que le Roi ne court aucun danger à Versailles et en courra encore moins s'il réside à Paris où « il sera en sûreté au milieu de la garde nationale ». En plus, Paris, « présente des ressources financières dont le royaume a le plus grand besoin ».

Au procès de la Reine, sur les projets de départ du Roi, Le Cointre témoigne :

« Dans la journée du 5 octobre, d'Estaing, instruit des mouvements qui se manifestaient dans Paris, se transporta à la municipalité de Versailles, à l'effet d'obtenir la permission d'emmener le ci-devant roi qui, pour lors, était à la chasse (et qui, vraisemblablement, ignorait ce qui se passait), avec promesse de la part de d'Estaing de le ramener lorsque la tranquillité serait rétablie. »

Invitée à faire des observations sur toute la déposition de Le Cointre et sur les journées d'Octobre à Versailles, Marie-Antoinette reconnaît :

— qu'elle a donné deux drapeaux (blancs) à la garde nationale de Versailles ;

— qu'elle a fait le tour de table le jour du repas des gardes du corps.

Puis Marie-Antoinette est interrogée sur divers points.

---

1. Mme de La Tour du Pin, *Mémoires*, p. 110-113.

En premier lieu, sur les agissements des frères du Roi.

D'abord le comte de Provence, parti en exil dès le 18 juillet 1789.

Ensuite, le comte d'Artois :

— Avez-vous eu connaissance du projet du comte d'Artois de faire sauter la salle de l'Assemblée nationale ?

— Je n'ai jamais entendu dire que mon frère d'Artois eût le dessein dont vous parlez. Il est parti de son plein gré pour voyager.

Ce projet d'un attentat contre l'Assemblée a fait trembler Versailles en juillet 1789. Le Roi n'y était pour rien. Il n'en croyait même pas un mot bien que, le 14 juillet au soir, il se soit montré assez inquiet pour aller chez sa femme et lui dire :

— Des factieux ont fait répandre que j'ai menacé la salle des états généraux de la faire sauter.

Ce même soir, Mme Campan a soupé avec M. Bégouen, qui est député. Bégouen a confirmé. Il prend au sérieux « cet horrible moyen qui a été suggéré à l'insu du Roi ».

Mme Campan a fait son rapport au Roi qui s'étonne :

— Comment ? L'idée d'une semblable atrocité n'a pas révolté un hommc aussi vertueux que M. Bégouen ? Demain matin, de bonne heure, j'ordonnerai que l'on fasse la fouille de la salle.

Le 15 juillet, Louis XVI s'est rendu personnellement à l'Assemblée et a pris la parole :

« Je sais que l'on a répandu d'injustes soupçons ; je sais qu'on a osé publier que vos personnes n'étaient pas en sûreté ; serait-il donc nécessaire de vous rassurer sur des bruits aussi coupables, démentis d'avance par mon caractère ? »

Dès le 16 juillet au soir, la Reine désirait quitter Versailles. Elle a fait mettre ses bijoux dans un écrin et a brûlé une grande quantité de papiers. Elle presse les Polignac de s'exiler :

— Oui, je crains tout, au nom de notre amitié, partez ! Il est encore temps de vous soustraire à la fureur de mes ennemis. En vous attaquant, c'est bien plus à moi qu'on en veut qu'à vous-mêmes.

Elle aurait pu ajouter : On m'attaque pour accabler le Roi.

Le Roi, d'ailleurs, opinait. Il disait aux Polignac :

— Suivez le conseil que vous donne la Reine. Mon malheur me force d'éloigner de moi tous ceux que j'estime et que j'aime. Je viens d'ordonner au comte d'Artois de partir ; je vous donne le même ordre. Plaignez-moi, mais ne perdez pas un seul moment ; emmenez votre famille ; comptez sur moi dans tous les temps, je vous conserve vos charges.

A minuit, la Reine écrivit :

« Adieu, la plus tendre des amies ! Que ce mot est affreux ! Mais il est nécessaire, adieu ! Je n'ai que la force de vous embrasser. »

L'interrogatoire reprend :

— A quelle époque avez-vous employé les sommes immenses qui vous ont été remises par les différents contrôleurs des finances ?

— On ne m'a jamais remis des sommes immenses ; celles que l'on m'a données ont été par moi employées à payer les gens qui m'étaient attachés.

— Pourquoi la famille Polignac et plusieurs autres ont-elles été par vous gorgées d'or ?

— Elles avaient des places à la Cour qui leur procuraient des richesses.

— Le repas des gardes du corps n'ayant pu avoir lieu qu'avec la permission du Roi, vous avez dû nécessairement en connaître la cause ?

— On a dit que c'était pour opérer leur réunion avec la garde nationale.

On entend le témoin Jean-Baptiste Lapierre, adjudant général par intérim de la quatrième division.

Il est alors question de la fuite à Varennes.

« J'ai vu, dans la nuit du 20 au 21 juin 1791 où je me trouvais de service au château des Tuileries, un grand nombre de particuliers qui allaient et venaient du château dans les cours et des cours dans le château. »

En 1793, cette fuite à Varennes reste un mystère. Comment, sans la complicité de La Fayette, la famille royale a-t-elle pu quitter les Tuileries ? Six personnes connues de tous, qui vivaient aux Tuileries comme dans une prison, ont passé sans être vues au milieu d'un nombreux personnel de gardes couchés dans les couloirs et postés à toutes les portes.

A Jean-Baptiste Gouvion, major général de la garde nationale parisienne, incombait la garde des Tuileries. Sa maîtresse, Mme de Rochereuil, faisait partie des services de la Reine. Elle était chargée de « la porte-chaise d'affaire », c'est-à-dire de la chaise percée. Dès le 21 mai, Mme de Rochereuil avait remis au maire de Paris, Bailly, une dénonciation sur « les préparatifs de fuite qui se faisaient aux Tuileries ».

Gouvion doubla le nombre de ses gardes. Quand on lui affirma que la fuite du Roi avait eu lieu, il riposta :

— C'est impossible, toute la nuit il y a eu cinq officiers devant cette porte et moi-même j'y suis allé.

Dans le procès de Marie-Antoinette, les juges veulent surtout établir que La Fayette et le maire Bailly ont été les complices du Roi.

— Lorsque vous êtes sortie, était-ce à pied ou en voiture ? demande-t-on à Marie-Antoinette.

— C'était à pied.

— Par quel endroit ?

— Par le Carrousel.

— La Fayette et Bailly étaient-ils au château au moment de votre départ ?

— Je ne le crois pas.

— N'êtes-vous point descendue par l'appartement d'une de vos femmes ?

— J'avais, à la vérité, sous mes appartements, une femme de garde-robe.

— Comment nommez-vous cette femme ?

— Je ne m'en rappelle pas.

— N'est-ce point vous qui avez ouvert les portes ?

— Oui.

— La Fayette n'est-il point venu dans l'appartement de Louis Capet ?

— Non.

— A quelle heure êtes-vous partie ?

— A 11 heures trois quarts.

— Avez-vous vu Bailly au château, ce jour-là ?

— Non.

Le départ du Roi, c'est la Reine qui l'a décidé avec Fersen, lequel aura l'honneur de conduire la voiture jusqu'à Bondy.

Pourtant, ce grand projet, Marie-Antoinette ne l'avait confié à personne, pas même à la gouvernante des enfants, la duchesse de Tourzel, qui a pris place au dernier moment dans la voiture.

« Il faut que le Roi étonne par la force et le

courage de son entreprise », avait dit Marie-Antoinette à l'ambassadeur d'Espagne, Nuñez.

Surpris par cet éclat, Nuñez écrit : « J'ai eu devant moi une femme désespérée et à l'extrême limite de sa résistance. »

Ce n'est un secret pour personne aux Tuileries... Pendant tout le début de l'année 1791, la famille royale évite de se parler, de peur de se quereller. Même dans les propos communs, toujours laconiques, l'hostilité se fait jour. La Reine accuse l'Assemblée qui trompe le Roi. Bien élevé, le Roi ose dire qu'il existe dans l'Assemblée des serviteurs loyaux de la monarchie.

— Prenez-les au mot, lui dit la Reine.

— Ils sont tenus à tant de réserve...

— C'est toujours le fléau de tout ce qui a affaire à vous.

La Reine reproche à son mari de ruser, de s'illusionner pour ne pas affronter le danger.

Madame Élisabeth s'en mêle : il ne faut se préoccuper que des émigrés et de l'empereur. Seuls ils peuvent sauver la situation, même si la guerre doit s'allumer de tous les côtés.

La Fayette a été témoin de ces scènes de ménage.

Il a dû aussi se dire que si Fersen, le beau Suédois, organise la fuite royale, le Roi, au dernier moment, dira peut-être à la Reine : « Tout compte fait, je reste. Vous, vous partez. » Le départ de la Reine conduira naturellement le

Roi à divorcer. Abandonné des siens, le Roi se confiera plus facilement à un lieutenant général. La Fayette ne doute pas qu'il sera alors maire du palais, c'est-à-dire *La Fayette Ier*.

Un autre témoin cherche à mettre Marie-Antoinette dans son tort et à établir la complicité de La Fayette.

— Abraham Silly, notaire, était de service au ci-devant château des Tuileries, dans la nuit du 20 au 21 juin 1791, il a vu venir près de lui l'accusée, vers les 6 heures du soir, elle lui dit qu'elle voulait se promener avec son fils ; le témoin chargea le sieur Laroche de l'accompagner ; quelque temps après, il vit venir La Fayette cinq ou six fois dans la soirée chez Gouvion ; celui-ci, vers 10 heures, donna l'ordre de fermer les portes, excepté celle donnant sur la cour dite des ci-devant princes ; le matin, ledit Gouvion entra dans l'appartement où il se trouvait, et lui dit en se frottant les mains avec un air de satisfaction : Ils sont partis.

— A quelle heure La Fayette est-il sorti du château, dans la nuit, demande le président au témoin.

— A minuit moins quelques minutes, répond celui-ci.

Puis le président s'adresse à Marie-Antoinette :

— A quelle heure êtes-vous sortie ?

— Je l'ai déjà dit, à 11 heures trois quarts.

— Êtes-vous sortie avec Louis Capet ?

— Non, il est sorti avant moi.

— Comment est-il sorti ?

— A pied, par la grande porte.

— Et vos enfants ?

— Ils sont sortis une heure avant, avec leur gouvernante ; ils nous ont attendus sur la place du petit Carrousel.

— Comment nommez-vous cette gouvernante ?

— De Tourzel.

— Quelles étaient les personnes qui étaient avec vous ?

— Les trois gardes du corps qui nous ont accompagnés, et qui sont revenus avec nous à Paris.

— Comment étaient-ils habillés ?

— De la même manière qu'ils l'étaient lors de leur retour.

— Et vous, comment étiez-vous vêtue ?

— J'avais la même robe qu'à mon retour.

— Combien y avait-il de personnes instruites de votre départ ?

— Il n'y avait que les trois gardes du corps à Paris qui en étaient instruits ; mais sur la route, Bouillé avait placé ses troupes pour protéger notre départ.

— Vous dites que vos enfants sont sortis une heure avant vous, et que le ci-devant Roi est sorti seul : qui vous a donc accompagnée ?

— Un des gardes du corps.

— N'avez-vous pas, en sortant, rencontré La Fayette ?

— J'ai vu en sortant sa voiture passer au Carrousel, mais je me suis bien gardée de lui parler.

— Qui vous a fourni ou fait fournir la fameuse voiture dans laquelle vous êtes partie avec votre famille ?

— C'est un étranger.

— De quelle nation ?

— Suédoise.

— N'est-ce point Fersen, qui demeurait à Paris, rue du Bac ?

— Oui.

— Pourquoi avez-vous voyagé sous le nom d'une servante de baronne russe ?

— Parce qu'il n'était pas possible de sortir de Paris autrement.

— Qui vous a procuré le passeport ?

— C'est un ministre étranger qui l'avait demandé.

— Pourquoi avez-vous quitté Paris ?

— Parce que le Roi voulait s'en aller.

Marie-Antoinette est née dans un pays où l'on aime conter. Si on l'avait interrogée différemment, on aurait beaucoup appris sur « la fuite à Varennes »... L'histoire devient alors pleine de mystère.

Au départ, tout a été réglé comme un ballet.

Pour tromper les gardes, un homme de même

corpulence que le Roi a circulé dans les Tuileries tous les jours précédents.

Le lundi, la Reine a mené promener ses enfants à Tivoli, dans le jardin de M. Boutin. En rentrant, elle a donné ses ordres au commandant de bataillon pour la sortie du lendemain.

La Reine sait que Jean-Baptiste Gouvion n'est pas un homme sûr, mais Mme de Tourzel a pour consigne de l'emmener avec elle « si nous le rencontrions, dans le cas où il s'engagerait à favoriser le départ de Leurs Majestés».

Pour le voyage, Mme de Tourzel a pris un passeport au nom de Mme de Korff. La Reine est sa servante, elle répond au nom de Mme Rochet ; le Roi, son valet, est M. Durand ; Madame Élisabeth, devenue Rosalie, est la bonne des enfants. Le plus difficile a été d'habiller le Dauphin en fille. Il a fallu lui mettre une petite robe de toile et un bonnet. Il a accepté, car il a entendu dire qu'on irait dans une place de guerre où il commanderait un régiment. On lui donnerait alors un sabre et des bottes.

En passant sous le guichet, le Roi donne le bras à la Reine. Le Roi n'est pas habitué à porter des souliers à boucles. Il s'accroche le pied et pense tomber. La sentinelle l'aide à se soutenir et s'informe s'il est blessé. La Reine se croit perdue. Ils passent.

---

1. Mme de Tourzel, *Mémoires*, *op. cit.*, p. 191.

Plus loin, en traversant le Carrousel, le couple royal croise la voiture de La Fayette, précédée de gens portant des flambeaux. La Fayette avance la tête... mais le véhicule continue sa course.

La voiture de poste utilisée pour la fuite, une grosse berline, prête à rire. Elle est de teinte jaune et verte, l'intérieur est doublé de velours et contient deux cuisinières en tôle de fer, une cantine où l'on a mis huit bouteilles, deux pots de chambre en cuir bouilli, deux fourches, etc.

Cette voiture ne peut entrer dans Paris. Elle attend les fugitifs à une barrière. Oui ! mais laquelle ? Le Roi, dans Paris, ignore tout des itinéraires. Le marquis de Briges conduit la voiture de remise où la famille royale s'est entassée en sortant des Tuileries. Le marquis ne connaît pas mieux que le Roi le lieu où se trouve la berline. Il est attiré par des lumières. C'est sûrement la barrière. Non, c'est une noce. Il faut mettre pied à terre et faire bonne figure aux mariés.

La noce a du bon. Elle a permis à la voiture de remise de passer la barrière sans alerter les gardes.

Le marquis de Briges a repris les rênes. Il cherche dans l'entrecroisement des chemins autour de Paris celui qui va le conduire à l'autre barrière, celle où se trouve la berline.

Ces détours par des chemins de banlieue ont pris bien du temps. Plus de trois heures ont été perdues.

Le trajet Paris-Châlons devait se faire de nuit, il se fait de jour : à Meaux, il est 6 heures, 11 heures à Montmirail. Les paysans étonnés regardent passer cette grosse voiture précédée d'un cavalier, puis d'un autre, et suivie d'un cabriolet où ont pris place les femmes de chambre.

Après Châlons, à Pont-de-Somme-Vesle où la voiture arrive à 6 heures du soir, le général Bouillé a dû poster quarante hussards commandés par le duc de Choiseul. D'autres doivent jalonner l'itinéraire, d'abord à Sainte-Ménehould, puis à Clermont, enfin à Varennes. A Châlons, Choiseul, arrivé à midi, a trouvé le temps long. L'armée excite la curiosité. Les hussards craignent une arrivée en foule de paysans qui se préparent à riposter à ce corps de soldats avec des fourches, des piques, des fusils. Voilà un assaut qui compromet *le silence* commandé en priorité par le général Bouillé.

Deux heures avant l'arrivée de la voiture royale, les hussards sont partis. Pour se rassurer tout à fait, Choiseul s'est dit : le voyage « a avorté ». Déjà, la veille, il a été remis au lendemain.

A Châlons, les allées et venues des hussards ont donné des idées aux paysans. « C'est le Roi qu'on attend. » La rumeur est d'abord rêvée, chuchotée, puis huée ; un homme l'exprime clairement. Il va avertir le maire.

— Pas d'histoires, dit le maire qui refuse de publier la nouvelle.

A Sainte-Ménehould, on devait changer les chevaux. C'est chose faite et la voiture est prête à partir quand le maître de poste, Jean-Baptiste Drouet, revient en ville. Il a vingt-six ans ; il a servi dans les dragons jusqu'en 1787, il n'a pas besoin de regarder un écu ou un assignat pour identifier le Roi, comme l'a dit la légende. Tout de suite, Drouet sait que le Roi est devant lui parce que les dragons de Bouillé sillonnent la ville, parce que la nouvelle du cortège royal lancé sur la route a été propagée de ville en ville. Drouet est d'autant plus sûr de son fait qu'il s'est appuyé sur la roue de la voiture et a dévisagé attentivement les voyageurs.

Drouet n'est pas du tout l'homme décidé qu'on a dépeint. Il est le fils d'un marchand aisé ; bon élève du collège de Châlons, bien marié, il fait valoir ses terres, c'est un gros bourgeois : arrêter le Roi, pour lui, ce n'est pas rien.

Drouet, qui n'est pas un fanatique, se tâte. Doit-il se déclarer ? Après tout, que Louis XVI passe et s'en aille, il a ses raisons pour trouver cela excellent. C'est la fin de cette *illusion* qu'est pour lui la royauté. Mais, une heure après le départ du Roi, la municipalité de Sainte-Ménehould s'agite. Elle débarque chez Drouet pour « s'enquérir de ce que le maître de poste a remarqué ». Drouet sent qu'il a un rôle à jouer : « Oui ! Justement, je me disposais à faire part de mes soupçons à la municipalité... »

Avec un esprit d'à-propos qui étonne, Drouet

décide qu'il sera l'homme héroïque qui a arrêté le Roi. Il saute sur un cheval ; il prend des risques ; il traverse une forêt où partout il peut rencontrer des soldats royalistes ; il arrive à temps à Varennes où l'aide ne lui manque pas : la municipalité et une foule de patriotes sont sur le pied de guerre et montrent autant de décision et d'efficacité que les troupes royales sont hésitantes.

Après une nuit agitée chez le procureur syndic, un nommé Sauce qui est épicier et vend aussi des chandelles, la famille royale se repose un peu. Le Roi guette l'arrivée des troupes de Bouillé, lentes à venir sans doute parce qu'elles sont nombreuses. A 6 heures du matin, ce n'est pas Bouillé qui arrive, c'est le courrier de l'Assemblée nationale :

— La famille royale, mise en état d'arrestation, doit revenir à Paris.

Louis XVI dit :

— Il n'y a plus de roi en France. Je savais bien qu'il y avait des traîtres et des scélérats dans mon royaume, mais jamais je n'aurais imaginé qu'il en existât qui le seraient assez pour arrêter leur roi.

Cela étant dit, le Roi, pour gagner du temps, feint de somnoler. Il faut le bousculer pour que la berline reparte à 7 h 30. Deux heures plus tard, Bouillé et ses troupes entrent dans la ville.

Qui, du Roi ou de la Reine, porte la responsabilité de la fuite, cette faute énorme qui a conduit Louis XVI et Marie-Antoinette à l'échafaud ?

Excédé par la Révolution, où il voyait surtout l'affaire de Paris qui s'enflammait alors que la province restait profondément calme, Louis XVI, comme il l'a dit aux populations de Varennes, « venait chercher un refuge auprès des paysans ». Il n'avait nullement l'intention de gagner l'étranger. Qu'on l'accompagnât ! On verrait bien qu'il se rendait à Montmédy.

En fait, à son procès, si on avait demandé à Marie-Antoinette : avez-vous fait appel à l'étranger ? et si elle avait eu le loisir de répondre clairement et la volonté de s'expliquer franchement, elle eût pu dire qu'elle ne voulait pas que l'Autriche déclarât la guerre ni envahît le territoire. Elle voulait seulement que son frère l'empereur effrayât le gouvernement français par quelque parade de ses meilleurs régiments, une fois que la famille royale se sentirait en sûreté dans Montmédy. Une parade, une sommation et Paris capitulerait, car rien n'était prêt pour soutenir une guerre. Marie-Antoinette n'aurait pu nier non plus que c'était elle, depuis avril, qui voulait provoquer le départ du Roi pour qu'il prenne la tête de la contre-Révolution.

Toute la correspondance entre Marie-Antoinette et la cour de Vienne, du 20 avril au 10 juin 1791, prouve que la Reine savait très bien ce qu'elle voulait et comment s'y prendre.

Le 22 avril, Marie-Antoinette a écrit par le biais de Mercy-Argenteau à l'attention de l'empereur :

« Avant d'agir [c'est-à-dire de quitter Paris], il est essentiel de savoir si vous pouvez faire partir sous un prétexte quelconque quinze mille hommes à Arlon et Virton, et autant à Mons. M. Bouillé le désire fort car cela lui permettrait de rassembler des troupes et des munitions à Montmédy. »

Le 22 mai, n'ayant pas de réponse, la Reine écrit à son frère l'empereur :

« Nous devons aller à Montmédy. M. de Bouillé s'est chargé des munitions et des troupes à faire arriver en ce lieu, mais il désire vivement que vous ordonniez un corps de troupe de huit à dix mille hommes à Luxembourg, disponible à notre réclamation (bien entendu que ce ne sera que quand nous serons en sûreté) pour entrer ici, tant pour servir d'exemple à nos troupes que pour les contenir. »

Le 1er juin, Marie-Antoinette, qui a décidément pris les affaires en main, demande à son frère « huit à dix mille hommes disponibles à notre demande pour le premier moment ».

Cette requête est acceptée, mais elle est soumise à l'accord du comte d'Artois et des émigrés. Non ! disent-ils, un rideau de troupes ne suffira pas. Pour sauver le Roi et la Reine, il faut une intervention puissante et directe des forces étrangères et le concours des émigrés.

Marie-Antoinette a pris peur. Elle s'est rangée à l'avis de Louis XVI : il ne fallait pas être l'agresseur, sinon c'était un bon point aux républicains qui pourraient entrer en guerre et tuer aux Tuileries le Roi et la Reine. D'autre part, ajoutait Marie-Antoinette, « ce projet rend le Roi entièrement nul et il faut, pour sortir de cette crise, que le Roi étonne par la force et le courage de son entreprise ». Le 9 juin 1791, l'empereur s'était rendu à ces raisons. Il faisait écrire par Mercy-Argenteau : « Si l'évasion royale a lieu, l'on pourrait *faire battre l'estrade* à quelques divisions de hussards vers Montmédy. »

Revenons à l'audience :

« Roussillon, chirurgien et canonnier, dépose que le 10 août 1792, étant entré au château des Tuileries, dans l'appartement de l'accusée, qu'elle avait quitté peu d'heures avant, il trouva sous son lit des bouteilles, les unes pleines, les autres vides, ce qui lui donna lieu de croire qu'elle avait donné à boire, soit aux officiers des Suisses, soit aux chevaliers du poignard qui remplissaient le château.

« Le témoin termine en reprochant à l'accusée d'avoir été l'instigatrice des massacres qui ont eu lieu dans divers endroits de la France, notamment à Nancy et au Champ-de-Mars ; comme aussi d'avoir contribué à mettre la France à deux doigts de sa perte, en faisant passer des sommes immenses à son frère (le ci-devant roi de Bohême et de Hongrie), pour soutenir la guerre contre les Turcs, et lui faciliter ensuite les moyens de faire un jour la guerre à la France, c'est-à-dire à une nation généreuse qui la nourrissait, ainsi que son mari et sa famille.

« Le déposant tient ce fait d'une bonne citoyenne, excellente patriote, qui a servi à Versailles sous l'ancien régime, et à qui un favori de la ci-devant cour en a fait confidence. »

De 1775 à 1785, la guerre contre les Turcs est une réalité dans l'Europe de l'Est, mais en France, c'est surtout un phénomène d'opinion. Des journalistes veulent mettre dans l'esprit public que l'Empire russe et celui d'Autriche-Hongrie sont des nations arrogantes et prédatrices. Elles s'en prennent à l'Empire turc, non plus pour s'en protéger mais pour le dépecer, prendre sa place en Europe d'abord, en Afrique après. L'opération, qui déborde l'Autriche, est, bien sûr, selon les mêmes racontars, payée par la France.

L'inconscient collectif a la vie longue. Le combat contre les Turcs, c'est la réapparition de la vieille idée de croisade qui rassemblait au Moyen Age toute l'*Europe de chrétienté*. Mais, au XVIIIe siècle, les commerçants avisés ont remplacé la chevalerie et Joseph II aurait du mal à se faire passer pour Urbain II, Louis XVI pour Richard Cœur de Lion ou Philippe Auguste.

Le témoin Roussillon entretient donc le mythe. Voyons les faits réels.

Pendant tout le règne de Louis XVI,

Catherine II et Marie-Thérèse ont l'idée de se partager les possessions européennes de l'Empire ottoman. Ce grand espoir longtemps caressé ne se réalisa jamais. Il y a un préalable : le maintien de l'*équilibre européen*. Cet équilibre préexiste à toute annexion de territoire. La Russie peut s'emparer de la Dacie, l'actuelle Roumanie ; l'Autriche peut prendre la Serbie, la Bosnie-Herzégovine. Mais que peut-on en compensation offrir à la France ? Dans la Turquie d'Europe, il n'y a pas de place pour la France. Elle en trouvera une en Afrique et facilement ; ce sera l'Égypte. Les populations ne résisteront pas. Elles marchent à coups de trique. Il faut seulement y aller. Oui, mais comment ? Par mer. Hélas ! La Méditerranée n'est pas un asile de paix. Ce sera terrible, il faudra vaincre la flotte anglaise là où elle est la plus forte, en Méditerranée orientale.

Les annexions des provinces turques peuvent être aussi cause d'ennuis pour l'Autriche. La Serbie est peuplée de Slaves qui n'ont pas de bons rapports avec Vienne, allemande et catholique. La Bosnie et l'Herzégovine sont aussi peuplées de Slaves, les uns orthodoxes, les autres islamisés. C'est un foyer de guerres civiles et religieuses, en somme un piège pour l'armée autrichienne.

Enfin, l'armée turque existe. Il faut pouvoir l'affronter à armes égales. Elle est forte de cinq cent mille hommes, elle dispose de la plus belle artillerie du monde. Huit mille chariots, cinq mille chameaux, dix mille bœufs assurent une grande mobilité aux troupes.

Vergennes, qui a été consulté par le comte de Mercy-Argenteau, ambassadeur d'Autriche, s'est dérobé : « La France n'a pas besoin de conquête. » Vergennes est sûr que la Prusse et l'Angleterre ne manqueront pas d'utiliser cette guerre contre la Turquie en fonction de leurs intérêts. Le résultat sera une conflagration générale, un cataclysme dont la Turquie pourrait bien profiter : « Où en serait l'Europe si jamais ce monstrueux partage venait à s'accréditer ? » Et Vergennes ajoute : « Je désire mourir avant cet événement. »

En 1788, Catherine II occupe la Crimée. En même temps, au prix d'une campagne rendue sinistre et meurtrière par les épidémies, les Autrichiens affaiblis occupent Belgrade. Pour aller plus loin, l'empereur sollicite l'aide de l'armée française.

Les diplomates français, pour des raisons commerciales, ménagent la Turquie et craignent la Prusse qui veut envahir la Pologne. Ils vont surtout servir d'intermédiaire. A Versailles, le 27 janvier 1789, Russie, Autriche, France, Espagne ont proposé la paix à la Turquie. Le représentant français, Choiseul-Gouffier, négocia ce traité. Rien ne permet d'affirmer, comme l'a dit Roussillon au procès de la Reine, que la France ait dû payer à l'Autriche une subvention de guerre en compensation de sa neutralité.

La politique européenne, la diplomatie, ces sujets ennuient tout le monde. Le président revient à des histoires plus savoureuses.

Les suisses qui gardaient les Tuileries, que faisaient-ils dans la chambre de Marie-Antoinette pendant la nuit du 9 au 10 août ? Que leur a-t-on offert pour qu'ils se battent si bien ?

De nouveau, Herman questionne l'accusée :

— N'avez-vous point donné de l'argent pour faire boire les suisses ?

— Non.

— N'avez-vous point dit en sortant, à un officier suisse : Buvez, mon ami, je me recommande à vous ?

— Non.

— Où avez-vous passé la nuit du 9 au 10 août dont on vous parle ?

— Je l'ai passée avec ma sœur Élisabeth dans mon appartement, et ne me suis point couchée.

— Pourquoi ne vous êtes-vous point couchée ?

— Parce que, à minuit, nous avons entendu le tocsin sonner de toutes parts, et que l'on nous annonça que nous allions être attaqués.

— N'est-ce point chez vous que se sont assemblés les ci-devant nobles et les officiers suisses qui étaient au château, et n'est-ce point là que l'on a arrêté de faire feu sur le peuple ?

— Personne n'est entré dans mon appartement.

— N'avez-vous pas dans la nuit été trouver le ci-devant Roi ?

— Je suis restée dans son appartement jusqu'à 1 heure du matin.

— Vous y avez vu sans doute tous les chevaliers du poignard et l'état-major des suisses qui y étaient ?

— J'y ai vu beaucoup de monde.

— N'avez-vous rien vu écrire sur la table du ci-devant Roi ?

— Non.

— Étiez-vous avec le Roi, lors de la revue qu'il a faite dans le jardin ?

— Non.

— N'étiez-vous point pendant ce temps à votre fenêtre ?

— Non.

— Pétion était-il avec Roederer dans le château ?

— Je l'ignore.

— N'avez-vous point eu un entretien avec d'Affry, commandant des suisses, dans lequel vous l'avez interpellé de s'expliquer si l'on pouvait compter sur les suisses, pour faire feu sur le peuple, et sur la réponse négative qu'il vous fit, n'avez-vous pas employé tour à tour les cajoleries et les menaces ?

— Je ne crois pas avoir vu d'Affry ce jour-là.

— Depuis quel temps n'aviez-vous vu d'Affry ?

— Il m'est impossible de me le rappeler en ce moment.

— Mais lui avez-vous demandé si l'on pouvait compter sur les suisses ?

— Je ne lui ai jamais parlé de cela.

— Vous niez donc que vous lui ayez fait des menaces ?

— Jamais je ne lui en ai fait aucune.

« L'accusateur public observe que d'Affry, après l'affaire du 10 août, fut arrêté et traduit par-devant le tribunal du 17, et que là, il ne fut mis en liberté que parce qu'il prouva que, n'ayant point voulu participer à ce qui se tramait au château, la Reine l'avait menacé, ce qui l'avait forcé de s'en éloigner[1]. »

Le colonel d'Affry, commandant des suisses qui campaient à Rueil et à Courbevoie, a rappelé ses gardes aux Tuileries le 8, ils sont arrivés le 9, mais sans d'Affry qui était malade.

Marie-Antoinette n'a donc pas pu rencontrer d'Affry, remplacé par le lieutenant-colonel de Maillardoz, assisté des majors Bachmann et Zimmermann.

Pour tous les journaux républicains de l'époque, les Tuileries regorgeaient de troupes et d'armes. Paris même était en état de siège. On disait que des canons avaient été postés à Montmartre pour bombarder la ville. Le Roi attendait huit mille aristocrates et prêtres réfractaires, les fameux chevaliers du poignard. On les

---

1. Sur la prise des Tuileries, voir *les Cent Vingt Jours de Louis XVI, dit Louis Capet*, *op. cit.*, p. 183 à 191.

accusait de déambuler dans Paris, de multiplier les invocations à Dieu et au Roi, de se cacher dans les recoins, de surgir en agitant leur arme, de frapper les patriotes, de faire la quête pour les émigrés, bref ils donnaient vie à tout le complot contre-révolutionnaire.

Ces chevaliers du poignard sont redoutables. Ou, du moins, on s'est donné beaucoup de peine pour prouver qu'ils l'étaient. Ils remplissent les discours des grands orateurs, ils servent de ralliement à la foule qui les conspue... Malheureusement, ces chevaliers semblent un peu poltrons. On ne les voit jamais. Ils doivent vivre toujours enfouis. A moins qu'ils existent seulement dans l'esprit des patriotes qui marchent pique en avant de peur de les rencontrer.

Un autre témoin est entendu. L'assistance devient très attentive. On sait que le témoignage de Hébert ne sera pas dicté par une bienséance qu'il juge « puérile et honnête ». L'auditoire va-t-il donner raison à Hébert pour qui la justice n'est ni bien élevée, ni réservée, ni décente, elle est purement et simplement fondée sur des arguments frappants.

« Jacques-René Hébert, substitut du procureur de la commune, dépose qu'en sa qualité de membre de la commune du 10 août, il fut chargé de différentes missions importantes qui lui ont prouvé la conspiration d'Antoinette ; notamment un jour au Temple, il a trouvé un livre d'église, dans lequel était un de ces signes contre-révolutionnaires, consistant en un cœur enflammé, traversé par une flèche, sur lequel était écrit : *Jesus, miserere nobis*. Une autre fois, il trouva dans la chambre d'Élisabeth un chapeau, qui fut reconnu pour avoir appartenu à Louis Capet ; cette découverte ne lui permit plus de douter qu'il existât parmi ses collègues quelques hommes dans le cas de se dégrader au point de servir la tyrannie. Il se rappelle que Toulan était entré un jour avec son chapeau dans la tour, et qu'il en était sorti nu-tête, cn disant qu'il l'avait perdu.

« Hébert ajoute que, Simon lui ayant fait savoir qu'il avait quelque chose d'important à lui communiquer, il se rendit au Temple, accompagné du maire et du procureur de la commune. Ils y reçurent une déclaration de la part du jeune Capet, de laquelle il résulte qu'à l'époque de la fuite de Louis Capet à Varennes, La Fayette était un de ceux qui avaient le plus contribué à la faciliter ; qu'il avait pour cet effet passé la nuit au château ; que pendant leur séjour au Temple, les détenues n'avaient cessé pendant longtemps d'être instruites de ce qui se passait à l'extérieur ; on leur faisait passer des correspondances dans les hardes et souliers. Le petit Capet nomma treize personnes, comme étant celles qui avaicnt en partie coopéré à entretenir ces intelligences. L'une d'elles l'ayant enfermé avec sa sœur dans une tourelle, il entendit qu'on disait à sa mère : Je vous procurerai les moyens de savoir des nouvelles, en envoyant tous les jours un colporteur crier près de la tour le journal du soir.

« Enfin le jeune Capet, dont la constitution physique dépérissait chaque jour, fut surpris par Simon dans des pollutions indécentes et funestes pour son tempérament ; que celui-ci, lui ayant demandé qui lui avait appris ce manège criminel, il répondit que c'était à sa mère et à sa tante qu'il était redevable de la connaissance de cette habitude funeste. De la déclaration, observe le déposant, que le jeune Capet a faite en présence du maire de Paris et du procureur de la Commune, il résulte que ces deux femmes le faisaient souvent coucher entre elles deux ; que là, il se commettait des traits de la débauche la plus effrénée ; qu'il n'y avait pas même à douter, par ce qu'a dit le fils Capet, qu'il n'y ait eu un acte incestueux entre la mère et le fils.

« Il y a lieu de croire que cette criminelle jouissance n'était point dictée par le plaisir, mais bien par l'espoir politique d'énerver le physique de cet enfant, que l'on se plaisait encore à croire destiné à occuper le trône, et sur lequel on voulait par cette manœuvre s'assurer le droit de régner. Par les efforts qu'on lui fit faire, il est demeuré attaqué d'une descente [1], pour laquelle il a fallu

1. Le Dauphin souffrait d'une hernie, selon le diagnostic du médecin Hippolyte Pipelet.

lui mettre un bandage ; et depuis qu'il n'est plus avec sa mère, il reprend un tempérament robuste et vigoureux. »

Le président à l'accusée :

— Qu'avez-vous à répondre à la déposition du témoin ?

— Je n'ai aucune connaissance des faits dont parle Hébert ; je sais seulement que le cœur dont il parle a été donné à mon fils par sa sœur ; à l'égard du chapeau dont il a également parlé, c'est un présent fait à la sœur du vivant du frère.

— Les administrateurs Michonis, Jobert, Marino et Michel, lorsqu'ils se rendaient près de vous, n'amenaient-ils pas des personnes avec eux ?

— Oui, ils ne venaient jamais seuls.

— Combien amenaient-ils de personnes chaque fois ?

— Souvent trois ou quatre.

— Ces personnes n'étaient-elles point elles-mêmes des administrateurs ?

— Je l'ignore.

— Michonis et les autres administrateurs, lorsqu'ils se rendaient près de vous, étaient-ils revêtus de leurs écharpes ?

— Je ne m'en rappelle pas.

Hébert reprend la parole :

« La famille Capet, pendant son séjour au Temple, était instruite de tout ce qui se passait dans la ville. Elle connaissait tous les officiers municipaux qui venaient tous les jours y faire leur service, ainsi que les aventures de chacun d'eux, de même que la nature de leurs différentes fonctions.

« Un fait important a échappé à ma mémoire, il mérite d'être mis sous les yeux des citoyens jurés. Il fera connaître la morale de l'accusée et de sa belle-sœur.

« Après la mort de Capet, ces deux femmes traitaient le petit Capet avec la même déférence que s'il avait été roi. Il avait, lorsqu'il était à table, la préséance sur sa mère et sur sa tante. Il était toujours servi le premier et occupait le haut bout.

— L'avez-vous vu ?

— Je ne l'ai pas vu, mais toute la municipalité le certifiera.

Le président à l'accusée :

— N'avez-vous pas éprouvé un tressaillement de joie, en voyant entrer avec Michonis, dans votre chambre à la Conciergerie, le particulier porteur d'un œillet ?

— Étant depuis treize mois renfermée sans voir personne de ma connaissance, j'ai tressailli dans la crainte qu'il ne fût compromis par rapport à moi.

— Ce particulier n'a-t-il pas été un de vos agents ?

— Non.

— N'était-il pas au ci-devant château des Tuileries le 20 juin ?

— Oui.

— Et sans doute aussi dans la nuit du 9 au 10 août ?

— Je ne me rappelle pas l'y avoir vu.

— N'avez-vous pas eu un entretien avec Michonis sur le compte du particulier porteur de l'œillet ? Comment nommez-vous ce particulier ?

— J'ignore son nom.

— N'avez-vous pas dit à Michonis que vous craigniez qu'il ne fût pas réélu à la nouvelle municipalité ?

— Oui.

— Quel était le motif de vos craintes à cet égard ?

— C'est qu'il était humain envers tous les prisonniers.

— Ne lui avez-vous pas dit le même jour : c'est peut-être la dernière fois que je vous vois ?

— Oui.

— Pourquoi lui avez-vous dit cela ?

— C'était pour l'intérêt général des prisonniers.

Un juré intervient :

— Citoyen président, je vous invite à vouloir bien observer à l'accusée qu'elle n'a pas répondu sur le fait dont a parlé le citoyen Hébert, à l'égard de ce qui s'est passé entre elle et son fils.

— Si je n'ai pas répondu, c'est que la nature se refuse à répondre à une pareille inculpation faite à une mère. (Ici l'accusée paraît vivement émue.) J'en appelle à toutes celles qui peuvent se trouver ici !

Marie-Antoinette n'a pas manqué d'à-propos. Toutes les mères de France ont leur cœur engagé dans sa réponse [1].

La scène où Marie-Antoinette en appelle aux mères de France a été racontée avec grandiloquence par Maxime de La Rocheterie dans *Histoire de Marie-Antoinette* :

« C'est au moment où, questionnée sur l'infâme accusation qu'on connaît, Marie-Antoinette indignée se tourna vers le prétoire du public et en *appela à toutes les mères*. Devant ce cri sublime, un courant magnétique passa dans l'assistance ; les tricoteuses se sentent remuées malgré elles, peu s'en faut qu'elles n'applaudissent... On entend des cris déchirants, des femmes, dit-on, sont emportées évanouies et le tribunal est réduit à menacer les perturbateurs de l'ordre. »

Commencés à 8 heures du matin, les débats continuent jusqu'à 4 heures après midi pour reprendre à 5 heures et durer jusqu'au 15 octobre à 4 heures du matin, après une courte interruption nocturne. La dernière audience durera plus de vingt heures.

Après la première séance, Marie-Antoinette a pu se retirer dans une pièce de la Conciergerie

1. Faut-il rappeler que, depuis le 25 octobre 1792, Simon parle de ces indécences que les princesses commettent sur le Dauphin ? Voir *les Cent Vingt Jours de Louis XVI, dit Louis Capet*, *op. cit.*, p. 76.

avec son avocat, Claude-François Chauveau-Lagarde. C'est, à l'époque, l'avocat le plus célèbre. « Toutes ses phrases racontent », dit-on.

A trente-sept ans, Chauveau-Lagarde a l'air d'un vieil homme, car les fatigues du corps et de l'esprit qu'il s'impose l'ont mis à bout. Avant Marie-Antoinette, il a défendu Charlotte Corday, puis il prendra à cœur d'autres causes perdues : Bailly, Mme Roland, Brissot, Madame Élisabeth. Accusé d'avoir trop bien défendu la Reine, Chauveau-Lagarde sera arrêté le 10 juin 1794. La mort de Robespierre le sauvera de la guillotine.

Marie-Antoinette regarde la liste des témoins et voit le nom de Pierre-Louis Manuel, qui fut procureur de la Commune au moment du 10 août. C'est un jacobin fanatique qui se croit homme de génie car, en paroles, il a toutes les audaces. Mais sa cruauté verbale se change en humanité dès qu'il passe à l'acte. « Souvent, en voyant couler le sang des victimes, il prenait tout à coup intérêt à une seule d'entre elles et la disputait avec acharnement aux bourreaux qu'il avait lui-même envoyés pour l'immoler. »

En septembre 1792, Manuel a présidé des jurys d'exception, et ce fut pour le bien de Mlle de Tourzel, de Beaumarchais qu'il détestait, de Mme de Staël qu'il a protégée à l'Hôtel de Ville ou à La Force. A l'Assemblée, Manuel a fait l'apologie de Damiens et commandé un buste du régicide pour qu'on le dépose en grande pompe au Panthéon.

Marie-Antoinette craint que Manuel « ne mente à sa conscience dans sa déposition ».

Au contraire, c'est un Manuel repenti qu'on entend à la barre. Depuis la mort du Roi, qu'il n'a pas votée, Manuel s'est retiré à Chartres. Il a prétexté que « l'homme de bien n'avait plus qu'à s'envelopper dans son manteau ».

Manuel connaît l'accusée, mais n'a jamais eu « avec elle ni avec la famille Capet aucun rapport, sinon pendant qu'il était procureur de la Commune ; il s'est transporté au Temple plusieurs fois pour faire exécuter des décrets ; du reste, il n'a jamais eu d'entretien particulier avec la femme du ci-devant Roi ».

Le président lui demande :

— Vous avez été administrateur de police ?

— Oui.

— Eh bien ? en cette qualité, vous devez avoir eu des rapports avec la Cour ?

— C'était le maire qui avait des relations avec la Cour.

— Sur la journée du 20 juin, avez-vous quelques détails à donner ?

— Ce jour-là, je n'ai quitté mon poste que pendant peu de temps, attendu que le peuple aurait été fâché de ne point y trouver un de ses premiers commettants ; je me rendis dans le jardin du château ; là je parlai avec divers citoyens, et ne fis aucune fonction de municipal.

— Dites ce qui est à votre connaissance sur ce qui s'est passé au château, la nuit du 9 au 10 août.

— Je n'ai point voulu quitter le poste où le peuple m'avait placé ; je suis demeuré toute la nuit au parquet de la Commune.

— Vous étiez très lié avec Pétion ; il a dû vous dire ce qui s'y passait.

— J'étais son ami par fonction et par estime, et si je l'avais vu dans le cas de tromper le peuple et d'être initié dans la coalition du château, je l'aurais privé de mon estime. Il m'avait, à la vérité, dit que le château désirait la journée du 10 août, pour le rétablissement de l'autorité royale [1].

— Avez-vous eu connaissance que les maîtres du château aient donné l'ordre de faire feu sur le peuple ?

— J'en ai eu connaissance par le commandant du poste, bon républicain, qui est venu m'en instruire. Alors j'ai, sur-le-champ, mandé le commandant général de la force armée, et lui ai, en ma qualité de procureur de la Commune, défendu expressément de faire tirer sur le peuple.

— Comment se fait-il que vous, qui venez de dire que, dans la nuit du 9 au 10, vous n'avez

1. Sur l'interprétation *déformée* de la prise des Tuileries envoyée par Pétion à tous les bureaux de vote de France, voir *les Cent Vingt Jours de Louis XVI, dit Louis Capet, op. cit.*, p. 34 à 36.

point quitté le poste où le peuple vous avait placé, vous ayez depuis abandonné l'honorable fonction de législateur où sa confiance vous avait appelé ?

— Lorsque j'ai vu les orages s'élever dans le sein de la Convention, je me suis retiré ; j'ai cru mieux faire, je me suis livré à la morale de Thomas Payne, maître en républicanisme ; j'ai désiré comme lui voir établir le règne de la liberté et de l'égalité sur des bases fixes et durables ; j'ai pu varier dans les moyens que j'ai proposés, mais mes intentions ont été pures.

— Comment, vous vous dites bon républicain, vous dites que vous aimez l'égalité, et vous avez proposé de faire rendre à Pétion des honneurs équivalents à l'étiquette de la royauté ?

— Ce n'est point à Pétion, qui n'était président que pour quinze jours, mais c'était au président de la Convention nationale que je voulais faire rendre les honneurs ; et voici comment : je désirais qu'un huissier et un gendarme le précédassent et que les citoyens des tribunes se levassent à son entrée. Il fut prononcé, dans le temps, des discours meilleurs que le mien, et je me rendis.

— Connaissez-vous les noms de ceux qui ont dit que Pétion courrait des risques au château ?

— Non, je crois seulement que ce sont quelques députés qui en ont averti l'Assemblée législative.

— Pourquoi avez-vous pris sur vous d'entrer

seul dans le Temple, et surtout dans les appartements dits royaux ?

— Je ne me suis jamais permis d'entrer seul dans les appartements des prisonniers ; je me suis, au contraire, toujours fait accompagner par plusieurs des commissaires qui y étaient de service.

— Pourquoi avez-vous marqué de la sollicitude pour les valets de l'accusée, de préférence aux autres prisonniers ?

— Il est vrai qu'à La Force, la fille Tourzel croyait sa mère morte ; la mère en pensait autant de sa fille ; guidé par un acte d'humanité, je les ai réunies.

— N'avez-vous pas entretenu des correspondances avec Élisabeth Capet ?

— Non.

— N'avez-vous jamais eu, au Temple, des entretiens particuliers avec le témoin ? demande le président à l'accusée.

— Non.

Moins d'un mois après ce témoignage, le 12 novembre 1793, Manuel sera traduit devant le Tribunal révolutionnaire. Il sera déclaré coupable de conspiration contre l'unité de la République, contre la liberté, contre la sécurité du peuple français et, comme tel, condamné à mort. Il protestera :

« Le procureur de la Commune du 10 août n'est pas un traître. Je demande que l'on grave sur ma tombe que c'est moi qui la fis, cette journée. »

Le 5 septembre, les patriotes ont arrêté Jean Sylvain Bailly. Cet astronome qui a découvert Jupiter et écrit une *Histoire de l'astronomie*, s'était réfugié chez son collègue de l'Académie des sciences, Pierre Simon, marquis de Laplace. Ce dernier est l'inventeur des principes de la mécanique céleste, il est l'auteur d'une théorie sur la formation du système solaire et des planètes.

Bailly a eu son heure de gloire en 1789. Membre de toutes les académies (Sciences, Inscriptions, Académie française), il a été élu député de Paris ; il a siégé en tant que doyen des communes, puis a été élu président du tiers état. Il présidait au moment du serment du Jeu de paume, le 20 juin.

Élu maire de Paris le 2 août 1790, Bailly avait eu l'honneur de recevoir le Roi à l'Hôtel de Ville, le 17 juillet 1789.

Juillet 1789 — c'est encore un temps où l'étiquette est de règle. Le maréchal de Beauvau, le duc de Villeroy, le duc de Villequier accompagnent le Roi. Dans sa propre voiture, Louis XVI a pris aussi avec lui deux hommes qui sont populaires : le comte d'Estaing et le marquis de Nesle.

Le Roi s'attendait à être hué, voire à être tué ! On lui avait annoncé un rassemblement, sur la place de l'Hôtel de Ville, de cent mille hommes armés de piques. Il est reçu comme le sauveur, parce que Bailly l'accueille à l'Hôtel de Ville, parce que La Fayette lui remet la cocarde parisienne tricolore, parce que le Roi ne se cache plus à Versailles, parce que La Fayette en cheval blanc et Bailly aux cheveux blancs côte à côte représentent l'union de l'aristocratie républicaine et de la bourgeoisie éclairée : « Embrassons-nous, Folleville. »

Un cri, *Vive le Roi !*, est parti de toutes parts. Le Roi n'en revient pas. Quelle belle expression de gratitude et de remerciement il peut lire sur les visages ! Louis XVI en pleure, il dit à ceux qui l'entourent : « Mon cœur a besoin des cris du peuple. »

Un peuple qui le déclarait honnête homme, père des Français, roi d'un peuple libre.

Pendant ce temps, la Reine est restée seule dans le palais de Versailles. Elle prend la main de sa fille, elle serre le Dauphin sur son cœur, elle erre dans des pièces désertes. Les militaires sont enfermés dans leurs quartiers. Les gens de cour qui n'ont pas pris le chemin de l'exil ont fui Versailles ou mis des cadenas à la porte de leur appartement.

La Reine est persuadée que le Roi ne reviendra pas. La municipalité de Paris va l'emprisonner.

Un moment, elle a l'idée de partir. Elle a fait préparer ses attelages. Non ! Elle fera face pour que son fils règne. Elle doit aller à l'Assemblée. Qui se méfiera d'une femme seule et de ses enfants entourés de quelques serviteurs ? Elle écrit un petit discours qu'elle répète obstinément jusqu'à le savoir par cœur : « Messieurs, je viens vous remettre l'épouse et la famille de votre souverain ; ne souffrez pas que l'on désunisse sur la terre ce qui a été uni dans le ciel. »

A son tour, Jean Sylvain Bailly dépose.

Il certifie n'avoir jamais eu de relations avec la famille ci-devant royale. Bailly confirme qu'en juin 1791 les bruits couraient depuis longtemps que le Roi quitterait Paris comme il pourrait, mais dès que possible.

Bailly sait de quoi il parle. Le départ de Mesdames Tantes en février 1791 a fait craindre le départ du Roi.

Le 18 avril 1791, Louis XVI a quitté en carrosse les Tuileries pour faire ses pâques à Saint-Cloud et recevoir la communion d'un prêtre non jureur. La garde nationale a arrêté le Roi. Bailly et La Fayette ont voulu intervenir pour ouvrir un passage à Louis XVI.

— C'est non !

La résolution de la garde nationale a provoqué un attroupement populaire. Le carrosse est immobilisé. La Fayette n'ose pas affronter le peuple. Le Roi voit qu'il ne peut l'emporter, il donne ordre de rentrer aux Tuileries pour ne pas exposer sa famille à de très grands malheurs.

De ce jour datait la décision du Roi de quitter Paris. Si l'on ne permettait pas à sa conscience de rendre à Dieu le culte qu'elle réclamait, était-il libre ? Louis XVI le pieux se jugeait le plus contraint, le plus malheureux des hommes. L'esprit toujours plein de références historiques, Louis XVI se souvint de Charles V, comme lui prisonnier dans Paris ; il avait dû quitter sa ville où ses ennemis triomphaient et où le petit nombre d'amis qui lui restaient n'osaient se montrer. Dès qu'il eut recouvré son indépendance, Charles V se vit approuvé par la province et redouté des autorités de Paris qui cherchèrent à se raccommoder avec le Roi.

Le président interroge maintenant Bailly sur la fusillade du Champ-de-Mars, le 17 juillet 1791. Il y aurait eu, ce jour-là, entre vingt et cinquante morts ainsi que douze blessés.

La manifestation a été organisée par des jacobins protestant contre l'*inviolabilité* accordée à Louis XVI par l'Assemblée constituante.

Le Roi, devenu inviolable, n'est pas punissable, il n'a même plus à se défendre, il est au-dessus des lois.

La journée du 17 juillet commence mal. Les sociétés populaires ont installé une estrade sur le Champ-de-Mars. Là, tous les pétitionnaires contre l'inviolabilité royale vont monter et inscrire leur nom sur un registre. A 9 heures du matin, les premiers signataires entendent des bruits de pas et d'outils, des chuchotements qui viennent de sous l'estrade. C'est l'affolement. On n'entend que les mots : attentat, machine infernale. Les plus courageux regardent sous l'estrade. Ils voient deux loustics qui percent des trous dans les planches. Ces traîtres, ces terroristes sont des voyeurs intéressés par les dessous des femmes qui, elles aussi, vont venir signer. Rien de moins sanguinaire que les voyeurs, mais, ce jour-là, les patriotes sont renfrognés, ils les massacrent.

Dans l'après-midi, six mille pétitionnaires sont entrés dans l'enceinte du Champ-de-Mars qui est alors un champ de manœuvres. Ils ont signé le registre. La municipalité est prise de panique, elle veut faire circuler l'attroupement. D'ailleurs, la foule commence à se disperser, mais lentement car il n'y a que cinq passerelles pour sortir.

Vers 7 heures du soir, Bailly arrive au milieu de la place avec ses hommes et ses canons. Quand la foule voit apparaître des fusils, des baïonnettes, des sabres, c'est la bousculade pour rejoindre les issues. Des exaltés battent le pavé. Des piliers de manifestations lancent des pierres. La garde nationale, coudoyée par cette foule hostile, se sent menacée. Les officiers ordonnent aux troupes de se mettre en carré et de placer leurs armes en position. Un coup de feu part, c'est le signal du tir de peloton.

« Mieux vaut tuer le diable que d'être tué par lui », dira le lendemain l'un des officiers. En signe de sommation, Bailly fait hisser le drapeau rouge, symbole de la loi martiale. Alors, les soldats se montrent impitoyables.

Pour le juge du Tribunal révolutionnaire, le 17 janvier 1793, dix-huit mois après, « le massacre », c'est, bien sûr, la Reine qui l'a commandé. Craignant une déroute que les nombreuses journées populaires laissaient prévoir, elle a mis en avant la raison d'État, l'ordre public pour obliger La Fayette et Bailly à tirer sur la foule.

Le président du tribunal s'adresse à Bailly :

— N'avez-vous point aussi reçu les ordres d'Antoinette, pour l'exécution du massacre des meilleurs patriotes ?

— Non ; je n'ai été au Champ-de-Mars que d'après un arrêté du conseil général de la Commune.

Cet arrêté, aurait pu ajouter Bailly, a été rendu à l'instigation de l'Assemblée nationale. La Reine n'y était pour rien.

— C'était avec la permission de la municipalité que les patriotes s'étaient rassemblés au Champ-de-Mars ; ils en avaient fait leur déclaration au greffe ; on leur en avait délivré un reçu. Comment avez-vous pu déployer contre eux l'infernal drapeau rouge ?

— Le conseil ne s'est décidé que parce que depuis le matin l'on avait été instruit que deux hommes avaient été massacrés au Champ-de-Mars ; les rapports qui se succédaient devenaient plus alarmants d'heure en heure ; le conseil fut trompé, et se décida à employer la force armée [1].

— N'est-ce point le peuple, au contraire, qui a été trompé par la municipalité ? Ne serait-ce point elle qui avait provoqué le rassemblement, à l'effet d'y attirer les meilleurs patriotes et de les égorger ?

— Non certainement.

— Qu'avez-vous fait des morts, c'est-à-dire des patriotes qui y ont été assassinés ?

— La municipalité, ayant dressé procès-verbal, les fit transporter dans la cour de l'hôpital militaire, au Gros-Caillou, où le plus grand nombre fut reconnu.

— A combien d'individus se montait-il ?

— Le nombre en fut déterminé et rendu public par le procès-verbal que la municipalité fit afficher dans le temps ; il y en avait douze ou treize.

Un juré intervient :

— J'observe au tribunal que, me trouvant ce jour-là au Champ-de-Mars avec mon père, au moment où le massacre commença, je vis tuer près de la rivière où j'étais dix-sept à dix-huit personnes des deux sexes ; nous-mêmes n'évitâmes la mort qu'en entrant dans la rivière jusqu'au cou.

Le témoin garde le silence.

---

1. Un officier de la garde nationale avait annoncé que La Fayette avait été tué.

Le 12 novembre 1793, à son tour, Jean Sylvain Bailly sera conduit en charrette au Champ-de-Mars. On l'exécutera « là où il a fait égorger les patriotes ». Le peuple sera sensible à ce transport de la guillotine sur les bords de la Seine.

Il faut du temps pour déplacer l'échafaud. D'abord, on va le démonter place de la Révolution, puis il va falloir conduire les éléments au Champ-de-Mars et les mettre en bon ordre.

Pendant un bon moment, sous la pluie, avant d'être exécuté, Bailly devra regarder ce jeu sinistre, un spectacle dont il ne perdra pas le plus petit détail.

Après Bailly, qui a gardé un maintien de dignité qui imposait, le tribunal a pris soin de glisser quelques figurants.

Voici Perceval qui raconte comment il a escaladé le balcon du Roi la nuit de l'« orgie » des gardes du corps.

Après, c'est Reine Millot, une femme bien décidée, domestique à Versailles. En 1788, elle a osé interpeller le comte de Coigny, l'un des fidèles amis du Roi, sur les tribulations de l'Autriche en territoire turc.

Non seulement toutes les insultes, tous les règlements de compte sont admis dans ce procès, mais on les relance, on rabâche, on accentue ce qui, dans une première charge, n'a pas produit l'effet désiré.

— Est-ce que l'empereur continuera toujours

à faire la guerre aux Turcs ? a demandé Reine Millot à Coigny. Elle a ajouté : Cela finira par ruiner la France, vu le grand nombre de fonds que la Reine fait passer pour cet effet à son frère.

— Tu ne te trompes pas, Reine, il en coûte déjà plus de deux cents millions et nous ne sommes pas au bout.

Reine Millot est lancée. Elle sera absolument franche, elle dira tout ce qu'elle sait !

— Voyez-vous... L'accusée [Marie-Antoinette] a conçu le dessein d'assassiner le duc d'Orléans. Le Roi, qui en fut instruit, ordonna qu'elle fût incontinent fouillée. On trouva sur elle deux pistolets. Alors le Roi fit consigner sa femme dans son appartement pendant quinze jours.

Reine Millot est exactement la femme que le tribunal attendait. Avec elle, tout devient clair.

Puis, le tribunal entend Charles-Henri d'Estaing, se disant matelot et soldat.

En réalité, le comte d'Estaing a été nommé en 1777, à quarante-neuf ans, vice-amiral de la flotte. En 1757, il a combattu avec Lally-Tollendal aux Indes. Fait prisonnier à Madras, il s'est évadé et est devenu marin pour faire la guerre au commerce anglais dans l'océan Indien. Il rentrait en France quand il fut fait prisonnier devant Lorient. Après sa libération, le Roi le nomma gouverneur général de Saint-Domingue et lieutenant général des armées navales. Pendant un moment, en 1780, il devint le héros de

Savannah, la capitale de la Georgie, de la Dominique et de tant d'autres combats. Il commanda l'escadre française qui devait combattre l'escadre anglaise de Richard Howe devant Philadelphie et Sandy Hook. Mais, évitant l'affrontement et pris dans de violentes tempêtes, il se réfugia à Boston. Préoccupé par le délabrement de ses vaisseaux, d'Estaing ne mena aucune opération. Il fut alors accusé par les officiers américains d'avoir une attitude « dérogatoire à l'honneur de la France, contraire aux intentions du Roi et aux intérêts de la nation américainc ». D'Estaing devra être remplacé par l'amiral de Grasse, le 21 mai 1781, sans rien perdre de sa réputation de militaire « sage et toujours homme de bon sens ».

Comme le comte de Broglie voulait critiquer d'Estaing, le Roi l'arrêta :

— Oui, il a eu tort en effet de me conserver mes vaisseaux et ses équipages qu'il me ramène en bon état.

En 1789, le comte d'Estaing commandait la garde nationale de Versailles.

Le président lui demande s'il connaît l'accusée.

— Je la connais depuis qu'elle est en France et j'ai beaucoup à me plaindre d'elle. Elle a empêché que je reçoive la récompense de mes services et du sang que j'ai répandu en Amérique sur la terre de la liberté, ainsi que d'être fait maréchal de France. Je la déteste. Peuple français, je vous demande pardon de ce que je viens de dire ; mais vous vouliez la vérité, je vous l'ai dite.

— Est-il de votre connaissance que Louis Capet et sa famille devaient partir de Versailles le 5 octobre ?

— Non.

— Avez-vous connaissance que les chevaux aient été attelés et ôtés plusieurs fois ?

— Cela résulte des conseils que recevait la Cour ; mais j'observe que la garde nationale n'aurait point souffert ce départ.

— N'avez-vous pas vous-même fait sortir des chevaux, ce jour-là, pour faire fuir la famille royale ?

— Non.

— Avez-vous connaissance des voitures arrêtées à la porte de l'Orangerie ?

— Oui.

— Avez-vous été au château ce jour-là ?

— Oui.

— Y avez-vous vu l'accusée ?

— Oui.

— Qu'avez-vous entendu au château ?

— J'ai entendu des conseillers de cour dire à l'accusée que le peuple de Paris allait arriver pour la massacrer, et qu'il fallait qu'elle partît ; à quoi elle répondit avec un grand caractère : Si les Parisiens viennent ici pour m'assassiner, c'est aux pieds de mon mari que je le serai, mais je ne fuirai pas.

— Étiez-vous le 5 octobre, en votre qualité de

commandant général, à la tête de la garde nationale ?

— Non, j'ai simplement traversé un des escadrons pour aller me placer au milieu de la foule des Parisiens et parler spécialement aux citoyens de la halle, qui me connaissaient, m'écoutèrent et me traitèrent bien. Lorsque j'ai vu le ci-devant Roi, décidé à souscrire aux vœux de la garde nationale parisienne ; lorsque l'accusée se présenta sur le balcon de l'appartement du Roi, avec son fils, pour annoncer au peuple qu'elle allait partir avec le Roi et sa famille pour venir à Paris, j'ai demandé à la municipalité la permission de l'y accompagner.

Arrive le citoyen Antoine Simon, ci-devant cordonnier, employé en ce moment en qualité d'instituteur auprès de Louis-Charles Capet, fils de l'accusée.

Voyons voir. Comme tout le monde, Simon a vu des administrateurs de la Commune, au Temple, qui complotaient avec la Reine et traitaient comme un roi le petit Capet.

L'un de ces notables de la Commune est entendu, c'est Jacques-François Lepitre [1], instituteur, qu'on a sorti de la prison de Sainte-Pélagie. A-t-il vu Marie-Antoinette au Temple ?

1. Sur Lepitre, voir Pierre Sipriot, *Balzac sans masque*, Robert Laffont, 1992, p. 68-70 et 98.

— Oui, mais je n'ai jamais eu d'entretien particulier avec elle.

— Ne lui avez-vous pas quelquefois parlé politique ?

— Jamais.

— Ne lui avez-vous pas procuré les moyens de savoir des nouvelles, en envoyant tous les jours un colporteur crier le journal du soir près la tour du Temple ?

— Non.

Le président s'adresse à Marie-Antoinette :

— Avez-vous quelques observations à faire sur la déclaration du témoin ?

— Je n'ai jamais eu de conversation avec le témoin ; d'un autre côté, je n'avais pas besoin que l'on engageât les colporteurs à venir près de la tour ; je les entendais assez tous les jours, lorsqu'ils passaient rue de la Corderie.

L'interrogatoire de Lepitre a duré douze minutes. Le témoin a fixé le souvenir de cette audience : « Quelle dignité imposante dans l'épouse de Louis XVI ! Quel calme ! Quelle noblesse dans ses réponses ! » Il a constaté le regard hargneux des jurés : « Cela se voit comme le nez au milieu du visage. » Il a vu à la barre le défilé des témoins : « Quelle nullité dans les dépositions dont on avait grossi le nombre pour couvrir leur nullité. »

Depuis le début de l'audience, on parle des pièces à conviction.

Voici le moment où l'on va mettre au su et

vu de tout le monde les objets saisis dans la chambre de Marie-Antoinette au Temple, le 2 août 1793. Le greffier énumère :

— Un paquet de cheveux de diverses couleurs.

— Ils viennent de mes enfants morts et vivants, et de mon époux.

— Un autre paquet de cheveux.

— Ils viennent des mêmes individus.

— Un papier, sur lequel sont des chiffres.

— C'est une table pour apprendre à compter à mon fils.

Le greffier continuc l'inventaire des effets : une servante ou petit portefeuille garni de ciseaux, aiguilles, soie et fil, etc. Un petit miroir. Une bague en or sur laquelle sont des cheveux. Un papier, sur lequel est écrit : *Prière au sacré cœur de Jésus ; prière à l'Immaculée Conception*. Un portrait de femme.

Le président s'adresse à Marie-Antoinette :

— De qui est ce portrait ?

— De Mme de Lamballe.

Deux autres portraits de femmes.

— Quelles sont les personnes que ces portraits représentent ?

— Ce sont deux dames avec qui j'ai été à Vienne.

— Quels sont leurs noms ?

— Les dames de Mecklembourg et de Hesse.

Un rouleau de vingt-cinq louis d'or simples.

— Ce sont ceux qui m'ont été prêtés pendant que nous étions aux Feuillants.

Un petit morceau de toile sur lequel se trouve un cœur enflammé traversé d'une flèche.

On interroge Hébert :

— Ce cœur, l'avez-vous déjà vu ?

— Oui, tout le monde en parle, c'est le sacré cœur, le cœur percé qui saigne, c'est le martyre de la royauté.

Dans les effets de Marie-Antoinette, on a saisi aussi un portefeuille en parchemin et en papier, sur lequel se trouvent écrits les noms de diverses personnes.

Le président les énumère :

— La femme Salentin ?

— Elle s'occupait de mes vêtements.

— Mlle Vion ?

— C'est elle qui était chargée du soin des hardes de mes enfants.

— La dame Chaumette ?

— Elle a succédé à la demoiselle Vion.

— Quel est le Bernier dont le nom se trouve écrit ici ?

— C'est le médecin qui avait soin de mes enfants.

Hébert fait remarquer que les femmes Salentin, Vion et Chaumette n'étaient pas employées au Temple pour le service des prisonniers.

— Elles l'ont été dans les premiers temps, dit Marie-Antoinette.

Fouquier-Tinville se lève :

— Il faut aller plus loin. Je requiers qu'il soit à l'instant délivré des mandats d'amener contre les femmes Salentin, Vion et Chaumette, et qu'à l'égard du médecin Bernier, il soit simplement assigné.

Le tribunal appelle à la barre Philippe-François-Gabriel La Tour du Pin Gouvernet, ancien militaire, au service de la France.

La Tour du Pin connaît l'accusée depuis qu'elle est en France, mais, avec soin et célérité, il fait quelques retouches nécessaires ; il ne veut pas être pris pour un autre.

— Non, il n'a pas assisté aux fêtes du château.

— Non, il ne fréquentait pas la Cour.

— Non, il n'assistait pas au repas des gardes du corps. Il était alors commandant en Bourgogne.

— Non, il n'était pas ministre : « Je ne l'ai jamais été, et je n'aurais point voulu l'être, si ceux qui étaient alors en place me l'eussent offert. »

Ce témoin ne fait pas l'affaire. Il est le premier à en rire avec tout le monde quand il apprend qu'on le confond avec Gouvernet, marquis de La Tour du Pin.

Voici alors cet homme qui même devant un tribunal ose se conduire comme à la Cour. En entrant, cet ex-ministre de la Guerre s'est permis d'adresser à la Reine une grande révérence.

Le président l'interroge :

— Etiez-vous ministre le 1er octobre 1789 ?

— Oui.

— Vous avez sans doute, à cette époque,

entendu parler des repas des ci-devant gardes du corps ?

— Oui.

— N'étiez-vous point ministre à l'époque où les troupes sont arrivées à Versailles, dans le mois de juin 1789 ?

— Non ; j'étais alors député à l'Assemblée.

— Il paraît que la Cour vous avait des obligations, pour vous avoir fait ministre de la Guerre ?

— Je ne crois pas qu'elle m'en eût aucune.

— Où étiez-vous le 23 juin, lorsque le ci-devant Roi est venu tenir le fameux lit de justice au milieu des représentants du peuple ?

— J'étais à ma place de député à l'Assemblée nationale.

— Connaissez-vous les rédacteurs de la déclaration dont le Roi fit lecture à l'Assemblée ?

— Non.

Marie-Antoinette se souvient.

Au mois de juin 1789, le Roi, la Reine ont vu qu'ils n'existaient plus. La Cour est devenue un désert, les quelques officiers royaux qui doivent faire acte de présence voudraient disparaître dans le mur dès que Leurs Majestés s'approchent d'eux. Si on les interroge, ils désolent par leurs réponses évasives et murmurées.

Dans la nuit du 2 au 3 juin, le Grand Dauphin est mort. Une maladie osseuse, sans doute la tuberculose, l'avait tout tassé, rendu difforme. Il faisait peine à voir et, depuis un an, il avait fallu le faire vivre en dehors de la Cour. Il ne voyait plus que les médecins. Les meilleurs remèdes étaient sans effet, les plus habiles docteurs renonçaient, se bornant à interdire au malade les sucreries, le seul aliment dont il raffolait. Et, comme il ne voulait rien goûter d'autre de tout ce qu'on lui apportait, il dépérissait et avait le teint blafard de l'*in pace*.

Le Dauphin ne s'animait que lorsque sa mère allait dîner avec lui dans sa chambre. La Reine, tout en assurant son fils de son prompt rétablissement, roulait dans son esprit cette « perte irréparable »... Elle se cachait le visagc : au dîner, « elle avalait plus de larmes que de pain ».

Après la mort de sa fille Sophie-Béatrice, à onze mois, le 19 juin 1787, Marie-Antoinette se disait que le sort employait avec elle des arguments frappants. Sa noblesse, son élégance n'avaient plus de raison d'être. Elle était une femme comme toutes les femmes, plus exposée que les autres car Dieu lui demandait des comptes sur l'état de confusion et de chaos où était le royaume.

Le Roi aussi était maussade. Quand on l'interrogeait sur sa mauvaise humeur, il répondait : « Je suis ainsi. » Habituellement fort civil, le Roi avait durement et cruellement asséné au duc de Montmorency-Luxembourg, élu président de la noblesse alors qu'il était premier baron chrétien de France :

— Vous les avez voulus, vous les avez demandés ces états généraux, eh bien ! les voilà.

— Non, Sire, ils n'existent pas, ces états... Ou plutôt, ils n'auraient pas existé s'ils avaient été unis au Roi par un juste balancement de leurs pouvoirs. Mais en leur laissant le plus entier empire, vous favorisez une Assemblée dont vous ne mesurez ni le poids ni la hauteur.

Le Roi avait haussé les épaules sans répondre.

Marie-Antoinette avait senti tout de suite les cruelles conséquences de cet entretien... Le Roi n'avait pu s'empêcher de fuir le grand et funeste ridicule de ce gouvernement qui lui incombait et lui échappait à la fois. Il avait dit : « Allons vivre quelque temps à Marly. Dépêchons-nous. »

Le Roi aimait chasser dans cette forêt dense où les sentiers faisaient des montagnes russes dans des collines enchevêtrées. Marly, en 1789, c'était le bout du monde. Pour Louis XVI, dans cet endroit désert, la tristesse avait son charme.

En même temps, au fond de lui-même, le Roi se réjouissait : il savait que ces sorties de tous les jours pour la chasse étaient blâmées par un gouvernement désemparé qui, en cas de mauvaise nouvelle, ne saurait sans lui comment réagir...

A la mi-juin, Louis avait dû interrompre ses chasses qui ne le délivraient plus de l'inquiétude.

A Versailles, les cinq cent cinquante-sept membres du tiers s'étaient fait appeler les « communes », comme si la France était l'Angleterre. La noblesse comptait deux cent soixante-dix membres. Elle refusait cette chambre improvisée qui la mettait en minorité. Le clergé, sur deux cent quatre-vingt-onze élus, dénombrait deux cent huit curés qui avaient de la considération pour les cent soixante-douze notables, avocats et procureurs dont s'honorait le tiers. Ils avaient en commun un air et un bon goût qu'on ne tient que de l'usage de la meilleure compagnie, une éloquence naturelle. Ils ne pouvaient pas ne pas chercher à se retrouver dans une assemblée commune qui voudrait s'imposer en tant que parlement.

Dès le 10 juin, Mirabeau avait fait savoir que l'abbé Sieyès avait une motion importante à présenter :

— Les communes doivent sommer le clergé et la noblesse de se réunir à elles pour la vérification des pouvoirs des représentants de la nation.

Malgré des pourparlers, des conférences, des tentatives de conciliation, la réunion des trois ordres allait échouer du fait de la noblesse qui ne voulait pas se commettre. La noblesse savait qu'elle n'est rien sans le Roi et que, pour être quelque chose, il ne faut rien usurper du pouvoir souverain.

La vérification des titres des représentants devait se faire en présence de Louis XVI, et le tiers état seul en prenait l'initiative. Le 15 juin, Mirabeau proposait aux députés des communes d'adopter le titre de « Représentants du peuple français ».

Le 17 juin, par 490 voix contre 90, les communes se constituaient en *Assemblée nationale*.

Et si on cria encore *Vive le Roi*, l'opinion sentit que la loi n'était plus de son côté. En un clin d'œil, elle était passée aux mains des représentants de la nation. Le tiers état « n'était rien », en dix jours il était devenu tout. Le 19 juin, par 149 voix contre 137, le clergé se prononçait pour sa réunion au tiers.

Du 19 au 23 juin, des déclics et des soubresauts agitèrent l'Assemblée.

Le 19, la noblesse adressa au Roi une mise en demeure de prendre sa défense. Des nobles « républicains » voulaient fusionner avec le tiers, ils étaient traités de *déserteurs*.

L'Assemblée s'emballait, les députés manquaient d'expérience ; ils avaient l'ambition de diriger le pays avant d'avoir la manière et surtout avant de tenir les leviers de commande. Chacun se livrait à ses impressions et les croyait réalisables sur-le-champ sans en mesurer les conséquences. Comme on n'avait rien prévu, on agissait par à-coups. Une motion chassant la précédente, on ne faisait qu'ébaucher chaque jour de nouveaux projets qui produisaient chez les uns de nouvelles craintes, chez d'autres de nouveaux appétits et dans tous les cas rendaient l'Assemblée un peu plus hardie, insolente, vindicative à l'égard de la Cour, accusée de tout faire échouer.

Le 19 juin, au Conseil royal, Necker mit le gouvernement et le Roi en garde : « Il faut ménager le tiers état, dit-il, sa hardiesse ne vient que de la résistance obstinée de la noblesse. »

Le Roi, déjà, réagissait comme s'il ne s'agissait plus de son royaume. Il était seulement curieux de ce qui allait se passer. Son orgueil, qui était véritable, finissait par se repaître d'abnégation.

Un ministre se réveilla et incrimina le tiers. Il fallait relever la tête, faire appel à l'armée.

Necker tenait la caisse. Il dut rappeler une cruelle vérité : le Trésor était vide. Au mois de juillet, il deviendrait difficile de payer les troupes.

Depuis de nombreuses années, le Trésor royal sombrait dans la banqueroute. Des dépenses n'étaient engagées que sur les avances consenties contre intérêts par les officiers de finances. Le Roi, sans pouvoir, était privé de tout crédit, donc de toutes ressources.

Des concessions s'imposaient.

Necker proposa :

— Le vote par tête, donc la disparition de la société d'ordres (clergé, noblesse, tiers état) ;

— L'égalité fiscale ;

— La suppression des privilèges et l'admissibilité de tous les Français aux fonctions civiles et militaires ;

— Le Roi garde le pouvoir exécutif avec droit de *veto* absolu.

Ces mesures étaient contraires à l'esprit de la monarchie française tel que l'avaient fixé Louis XIII, Richelieu et Louis XIV. Ce n'était pas seulement la société d'ordres qui était supprimée. C'était l'affirmation d'une unité, d'une indivisibilité de la nation qui pouvait se dresser, inconditionnelle et irréductible, face au pouvoir royal.

Ce jour-là, celui qui eut le dernier mot ne fut pas Necker, mais le garde des Sceaux, François-Paul de Barentin : « Au lieu de se montrer timide et pusillanime, il faut développer du nerf et du caractère. Ne pas sévir, c'est dégrader Sa Majesté. »

Marie-Antoinette avait fait appeler le Roi chez elle pour le convaincre d'exercer son ascendant sur le tiers état. Barentin avait raison. Il fallait rapidement renouveler le « coup de majesté » accompli par feu le roi Louis XV, le 7 décembre 1770. *Un lit de justice* devrait rappeler aux représentants qu'ils n'étaient que des conseils. Ils éclaireraient de leur lumière et montreraient la vérité, là finirait leur ministère. Ensuite, le Roi pèserait leurs observations dans sa sagesse, lui seul embrasserait l'étendue de la monarchie ; en aucun cas, il ne soumettrait à une discussion judiciaire le gouvernement de son royaume.

Après de longs pourparlers, le Conseil avait convenu de mêler le libéralisme de Necker aux arrêtés de Barentin. C'était vouloir restaurer la royauté, mais en y introduisant des précautions, des rétractions, des abandons qui la rendaient inopérante.

Le 23 juin, le Roi parla donc pour ne rien dire dans la salle des Menus. Les députés du tiers, introduits lentement dans la salle par une galerie de bois ouverte à la pluie et au vent, avaient trouvé en arrivant les représentants de la noblesse et du clergé confortablement installés. Eux, les privilégiés, avaient eu l'honneur d'entrer par la grande porte de l'avenue de Paris.

Du discours du Roi, Marie-Antoinette a retenu deux phrases :

« Réfléchissez, messieurs, qu'aucun de vos projets, aucune de vos dispositions ne peut avoir force de loi sans mon approbation spéciale. »

« Je veux maintenir les droits utiles et les prérogatives honorifiques des deux premiers ordres : clergé et noblesse. »

Puis le Roi a prononcé cette phrase impérative :

« Je vous ordonne, messieurs, de vous séparer tout de suite et de vous rendre demain matin, chacun dans les chambres affectées à vos ordres, pour y reprendre vos séances. J'ordonne en conséquence, au grand maître des cérémonies, de faire préparer les salles. »

Le Roi est sorti, la noblesse est sortie, le clergé est sorti, le tiers état est resté.

— Je crois que la nation rassemblée ne peut pas recevoir d'ordre, avait dit le président Bailly.

Le maître des cérémonies était allé demander au Roi ce qu'il fallait faire.

— Eh bien ! foutre, qu'ils restent !

Le Roi ne venait pas seulement de pratiquer l'indifférence à l'égard de son royaume, il donnait à ses agents d'exécution l'exemple de l'abandon.

Personne n'avait depuis osé parler au Roi, et même devant la Reine, de cette séance du

Parlement où l'État royal avait perdu tout son pouvoir.

Dans les jours suivants, l'Assemblée se rendit irréductible. Elle déclara l'inviolabilité de ses membres. Tous ceux qui poursuivraient un député seraient déclarés « infâmes et traîtres envers la nation et coupables de crime capital ».

C'était déjà mettre la tête du Roi sur le billot.

Le 21 juin, la majorité du clergé revenait à l'Assemblée nationale et l'archevêque de Vienne prenait place à côté du président Bailly.

Marie-Antoinette se souvient.

Au début du mois de juillet, le Roi s'était peu à peu décidé à réunir son armée. Même s'il ne voulait pas qu'elle attaquât, disant qu'il n'osait seulement y penser, il voulait considérer comment et par où en cas de grand péril il pourrait, avec ses soldats, s'installer à Rambouillet ou à Metz.

Le maréchal de Broglie avait été investi du commandement général. Le château de Versailles était devenu un quartier général, les écuries et les jardins étaient un camp ; là, on avait pu loger environ vingt mille hommes. L'antichambre du Roi était peuplée d'ordonnances, d'aides de camp. Les généraux faisaient apporter des cartes. Les points critiques dans Paris et Versailles étaient repérés. On demeurait persuadé qu'une ambiance d'émeute flottait un peu partout, mais sans jamais réussir à s'organiser. Si une insurrection se formait, bien vite l'armée en viendrait à bout.

Le 12 juillet, le Roi, décidé à résister, nomma Broglie ministre de la Guerre. En même temps, Necker était congédié. Sous escorte, il partait pour Bruxelles et, de là, en Suisse.

Necker *figurait tant* pour les financiers que, dès l'annonce de son départ, le crédit s'effondra, les commerçant ne purent plus tirer une lettre d'affaires, la rente et les valeurs tombèrent.

Paris était déjà en état de sédition et, ne voyant pas les soldats du Roi, ne doutait pas qu'ils agiraient en traître, arrivant par la Seine ou sortant de l'égout de Montmartre. Mais, comme rien ne se passait, on prenait déjà ce renoncement pour une victoire. Des groupes se formaient, portant le buste de Necker et celui du duc d'Orléans couverts de crêpes.

La bourgeoisie parisienne voulut prendre un avantage sur le Roi dont le pouvoir s'était considérablement amenuisé. Ainsi se forma à Paris une *milice bourgeoise*, composée en partie de gardes français qui se disaient entre eux que le Roi ne serait bientôt plus en mesure de les payer. La ville de Paris put réunir douze mille hommes qui, le 14 juillet, prenaient des armes aux Invalides et pillaient les boutiques des armuriers.

A Paris, le baron de Besenval commandait les troupes royales. Il ne voulait pas risquer ses sept mille fantassins et encore moins ses quinze cents cavaliers dans des combats de rue auxquels ils n'étaient pas préparés.

Besenval ordonna, tout au plus, une charge du Royal-Allemand aux Tuileries pour dégager la cavalerie encerclée. Ayant regroupé ses troupes, Besenval se replia ensuite dans l'enceinte du Champ-de-Mars.

Le soir du 14 juillet, la Cour apprenait la prise de la Bastille. Besenval fut mis en cause. Mais il était suisse comme Necker et, en plus, un ancien familier de la Reine. Cela empêcha de le poursuivre.

Les troupes rassemblées par Besenval à Paris reçurent l'ordre de se regrouper avec celles de Versailles pour protéger le château et les routes qui y conduisaient. Aussitôt, l'Assemblée se déclara « investie par des hordes étrangères ».

Le Roi ordonna donc aux troupes de s'éloigner de Versailles.

La monarchie française allait périr par l'impunité.

Le 12 octobre 1793, le baron de Besenval est mort, le maréchal duc de Broglie a émigré. C'est La Tour du Pin, ministre de la Guerre le 17 juillet 1789, que le juge Herman rend responsable du projet qu'on avait prêté au Roi de quitter Versailles à la tête des régiments étrangers.

— Vous dites que c'était à Rambouillet que la Cour devait aller ; ne serait-ce pas plutôt à Metz ?

— Non.

— En votre qualité de ministre, n'avez-vous point fait préparer des voitures et commander des piquets de troupes sur la route pour protéger le départ de Louis Capet ?

— Non.

— Il est cependant constant que tout était préparé à Metz pour y recevoir la famille Capet ; des appartements y avaient été meublés en conséquence.

— Je n'ai aucune connaissance de ce fait.

— Est-ce par l'ordre d'Antoinette que vous avez envoyé votre fils à Nancy, pour diriger le massacre des braves soldats qui avaient encouru la haine de la Cour en se montrant patriotes ?

— Je n'ai envoyé mon fils à Nancy que pour y faire exécuter les décrets de l'Assemblée nationale ; ce n'était donc pas par les ordres de la Cour que j'agissais, mais bien parce que c'était alors le vœu du peuple ; les jacobins même avaient vivement applaudi.

En août 1789, le Roi était sans subsides, la paie des régiments n'était plus assurée. Des troupes dépouillaient leurs chefs de toute autorité. Elles avaient l'impression de ne plus exister devant les gardes nationales qui se formaient un peu partout en France.

Le 1er août, une partie de la garnison de Nancy et le régiment suisse de Châteauvieux entrèrent en rébellion ouverte et envoyèrent à l'Assemblée des messages de revendication. La Fayette fit arrêter ces « dangereux mutins » et demanda un châtiment pour punir l'insubordination des troupes. Toute association, toute revendication des soldats seraient interdites et sévèrement réprimées.

Aussitôt, le général Bouillé, qui commandait à Metz, fut chargé par La Fayette de reprendre Nancy où le commandant avait été mis en prison après avoir fait fouetter deux gardes suisses rebelles.

Le 31 août, Bouillé reprit Nancy, mais à quel prix... Il y eut trois cents morts et blessés, trente-trois suisses furent exécutés, quarante et un envoyés aux galères.

Louis XVI adressa à Bouillé une lettre de félicitation : « Soignez votre popularité, elle peut m'être bien utile et aussi au royaume. Je la regarde comme l'ancre du soldat et ce sera elle qui, un jour, pourra rétablir l'ordre. »

Lors de la fuite à Varennes, le 21 juin 1791, pour rejoindre l'armée de Bouillé, Louis XVI ne fera que mettre à exécution ses projets d'août 1789.

En 1789, la lettre de Louis XVI à Bouillé a été publiée dans les journaux. Marat a noté alors que Louis XVI aggravait chaque jour son cas : « Monarque indigne du trône, perfide conspirateur de la patrie, lâche bourreau de ses concitoyens. Tant que je vivrai, je ne cesserai de faire un crime du massacre de Nancy. »

Herman demande à Marie-Antoinette si elle a écrit aussi à Bouillé « pour le féliciter de ce qu'il avait fait massacrer dans Nancy sept à huit mille patriotes ».

— Je ne lui ai jamais écrit.

Puis le président interroge La Tour du Pin sur l'état de l'armée française en 1790, année des mutineries. La Tour du Pin confirme que les officiers s'en allaient en exil tant et si bien que, sur neuf mille, il en restait trois mille. Bouillé lui-même avait eu le mérite de résister aux appels de Catherine II.

— Qui les a remplacés ?

— Des sous-officiers ou des engagés appartenant à la bourgeoisie. L'armée vivait alors dans un état de conflit perpétuel entre les nobles qui étaient restés mais qu'on soupçonnait de vouloir partir, et les nouvelles recrues qui ne respectaient pas la discipline militaire.

— Est-ce par les ordres d'Antoinette que vous avez laissé l'armée dans l'état où elle s'est trouvée ?

— Je ne crois point avoir mérité des reproches à cet égard, attendu qu'à l'époque où j'ai quitté le ministère, l'armée française était sur un pied respectable.

— Était-ce pour la mettre sur un pied respectable que vous avez licencié plus de trente mille patriotes qui s'y trouvaient, en leur faisant distribuer des cartouches jaunes [1] pour effrayer par cet exemple les défenseurs de la patrie, et les empêcher de se livrer aux élans du patriotisme et à l'amour de la liberté ?

— Ceci est étranger, pour ainsi dire, au ministre. Le licenciement des soldats ne le regarde pas ; ce sont les chefs des différents corps qui se mêlent de ces choses-là.

— Mais vous, ministre, vous deviez vous faire rendre compte de pareilles opérations par les chefs des corps, afin de savoir qui avait tort ou raison.

— Je ne crois pas qu'aucun soldat puisse être dans le cas de se plaindre de moi.

— L'accusée, à l'époque de votre ministère, ne vous a-t-elle pas engagé à lui remettre l'état exact de l'armée française ?

— Oui.

— Vous a-t-elle dit quel usage elle en voulait faire ?

— Non.

Le président s'adresse à l'accusée :

— Lorsque vous avez demandé au témoin l'état des armées, n'était-ce point pour le faire passer au roi de Bohême et de Hongrie ?

— Comme cela était public, il n'était pas besoin que je lui en fisse passer l'état, les papiers publics auraient pu assez l'en instruire.

---

1. Les cartouches jaunes étaient données aux soldats qu'on renvoyait pour des motifs disciplinaires.

— Quel était donc le motif qui vous faisait demander cet état ?

— Comme le bruit courait que l'Assemblée voulait qu'il y eût des changements dans l'armée, je désirais savoir l'état des régiments qui seraient supprimés.

Marie-Antoinette se souvient.

En juin 1790, après une audience secrète, elle a passé un pacte avec Mirabeau. Le grand tribun flattait la Reine, elle faisait contrepoids par son intelligence, son caractère à tant de faiblesses chez le Roi : « La Reine, c'est le seul homme de la Cour, disait Mirabeau. Mais elle n'a pas la tête politique. »

La tête, Mirabeau en avait pour deux. Il fallait seulement faire route avec lui.

Au préalable, dans une lettre destinée à Louis XVI, il avait écrit : « J'ai voulu guérir les Français de la superstition de la monarchie et y substituer son culte : Je ne voudrais pas seulement avoir travaillé à une vaste destruction [1]. »

Pour se rendre nécessaire, Mirabeau a choisi la plus cruelle des voies. Il ne cache pas à la Reine les endroits vulnérables où le régime va être attaqué et sans doute blessé à mort : « l'armée, l'impôt, la banqueroute, l'hiver ».

Comment éviter des désastres ?

---

1. Cité par Chateaubriand, *Mémoires d'outre-tombe*, Livre de Poche, 1973, I, p. 273.

D'abord, le Roi devrait partir.

— En s'installant à Fontainebleau, le Roi aura autour de lui un commencement de troupes. Il faut les choisir parmi celles pour qui le service du Roi est honorable et qui acceptent d'obéir avant que de commander.

Marie-Antoinette a fait une observation :

— La maison du Roi a été dissoute.

— La Constitution qui se prépare doit lui accorder mille deux cents fantassins et six cents cavaliers. Le Roi pourra doubler ou même tripler ces hommes sûrs en cherchant en province des corps éparpillés qui seront autant de points d'appui.

— Voyez-vous quel est l'homme capable de rassembler une armée fidèle au Roi ?

— Le comte de La Marck peut mener cette affaire avec dextérité. Il est considéré de l'armée.

Le projet de Mirabeau a échoué.

Parce que La Marck a jugé que personne ne pouvait plus parler au nom du Roi.

Parce que le Roi a toujours réprouvé ce qu'il appelait « une cabale en faveur de quelqu'un », que ce soit Necker, La Fayette ou Mirabeau. Il l'avait dit à la Reine : c'était la chose qu'il haïssait le plus, qu'il craignait davantage et où il avait été le plus continuellement trompé depuis sa prise de pouvoir.

Mirabeau, s'appuyant sur les masses et les méprisant, soutenant la noblesse après l'avoir trahie, ne pouvait plaire à Louis XVI qui voulait aimer le peuple et défendre sa noblesse.

La nuit est tombée, le juge Herman précipite les dépositions des témoins. Il veut mettre un peu d'aisance, que Fouquier-Tinville et lui aient une nuit devant eux. Ils se retireront dans une petite chambre attenant à la salle d'audience, les jurés iront à la buvette où ils dormiront un peu.

Dans la salle, le froid s'est installé et aussi l'obscurité. Les quinquets, inventés en 1785, jettent au milieu des ombres profondes une clarté de craie. Les témoins tâtonnent pour se rendre à la barre. Il faudrait que chacun ait un bougeoir.

Le public a changé, celui du matin et de l'après-midi était triste, mais doux et gentil, à croire que la salle d'audience avait été occupée par des royalistes.

Vers 4 heures de l'après-midi, on a vu affluer en groupes des jacobins, des membres des sections, impatients d'assister à l'effondrement d'Antoinette. Et elle est là ! Elle se dresse quand on lui crie : « Debout ! » Son visage reflète une force qui tient du miracle, comme si sa personnalité de reine représentait déjà dans l'album du temps une image ou un mythe irremplaçable. Mais, c'est l'être qu'elle a été qui maintient ce qu'elle est devenue. Elle sent parfois que son corps glisse. Il lui arrive de se protéger le visage avec les mains pour ne pas se voir tomber. A un moment, ses avocats viennent la soutenir, l'un est à droite, l'autre est à gauche. Elle respire profondément, elle se cabre, elle se redresse et dit tout bas à maître Chauveau-Lagarde :

— Il y a quelque chose qui n'allait pas. Mais c'est fini… Merci, je n'ai besoin de personne pour respirer.

Les avocats reprennent leur place. L'audience continue. Encore un moment à souffrir et la cour se retire. L'audience reprendra le lendemain, 15 octobre, à 9 heures du matin. On a vu Marie-Antoinette regagner la galerie des prisonniers, dans le corridor central de la prison.

Tout le monde court après le bonheur et s'en prive en agissant trop et trop vite. Le XVIIIe siècle a oscillé entre l'idée d'immobiliser le temps pour prendre son plaisir et celle d'agir vite et mieux en croyant au *progrès*. Le bonheur est peu à peu devenu une utopie. On croit le voir partout, dans la chaumière du paysan comme, la nuit, dans le décor factice des fêtes de cour. Ce qui permet à chacun d'être jaloux du bonheur de l'autre.

Le bonheur est plus spectaculaire pour celui qui le vit à Trianon que pour le paysan qui couche dans une grange sur une paillasse.

Le 15 octobre, vers 9 heures du matin, à la reprise d'audience, le juge Herman va s'amuser à faire le procès de *Mme Déficit*. Il détaille les dépenses du Petit Trianon.

— N'avez-vous pas abusé de l'influence que

vous aviez sur votre époux pour en tirer des bons sur le Trésor public ?

— Jamais.

— Où avez-vous donc pris l'argent avec lequel vous avez fait construire et meubler le Petit Trianon, dans lequel vous donniez des fêtes, dont vous étiez toujours la déesse ?

— C'était un fonds que l'on avait destiné à cet effet.

— Il fallait que ce fonds fût conséquent, car le Petit Trianon doit avoir coûté des sommes énormes ?

— Il est possible que le Petit Trianon ait coûté des sommes immenses, peut-être plus que je ne l'aurais désiré ; on avait été entraîné dans les dépenses peu à peu ; du reste, je désire plus que personne que l'on soit instruit de ce qui s'y est passé.

Dès son arrivée en France, la dauphine Marie-Antoinette avait exprimé son désir d'« une maison de campagne à elle, *en propre* ». Le Dauphin s'était montré galant homme :

— Vous aimez les fleurs, j'ai un bouquet à vous offrir ; c'est le Petit Trianon.

Après la mort de son grand-père, Louis XVI, sachant qu'il ne serait pas contrarié par quelque ministre parcimonieux, fit don de Trianon à la Reine. Cette décision dut se faire hors de la vue de M. Turgot qui gouvernait tout à l'économie. N'avait-il pas proposé, ce ministre modèle, de réduire de moitié les appointements du poste qu'il allait occuper à partir d'août 1774, au contrôle général des Finances ?

De même, les ministres avaient pris l'habitude de siéger dans des lieux privilégiés. Ils voulaient ceci et puis cela, et, finalement, s'installaient dans un palais. Eh bien, non ! Il n'y aurait plus de résidences affectées aux ministères. Les collaborateurs de Turgot travailleraient dans leur propre maison d'habitation qui, pour le Trésor, pouvait être considérée comme gratuite.

Du temps de Turgot, s'il fut question de Trianon, ce fut pour évoquer les bâtiments. C'était convenu, rien ne changerait, ni la maison qui était petite, ni le mobilier choisi par la comtesse du Barry.

Marie-Antoinette avait dit qu'elle voulait un chez-elle pour fuir à volonté le monstrueux palais de Versailles qui, depuis Louis XIV, avalait la noblesse et l'administration du royaume. A Trianon, il était convenu que Marie-Antoinette réunirait quelques amis intimes, elle leur donnerait l'occasion de vivre dans un alliage de retraite et d'élégance. Cette petite société aimerait la nature, la mode, les arts et surtout la musique. C'était un petit luxe que M. Turgot pouvait payer.

Pourtant, le 12 mai 1776, quand Turgot quitta son poste, deux conceptions du bonheur s'affrontaient. Le ministre dit :

« Il n'y a que le petit peuple du bonheur de

qui on puisse s'occuper comme de celui d'un troupeau de bêtes susceptibles de plaisir et de peine. Les autres ne sont que des bêtes rampantes et venimeuses. »

« Les bêtes venimeuses » de l'époque ne désignaient pas Marie-Antoinette, mais les détenteurs de sinécures qui considéraient avec mépris ce Turgot qui ne s'imposait qu'aux sots par ses silences dédaigneux.

Turgot parti, la Reine continua de rêver. Elle lut des traités sur les jardins anglais. Elle visita des maisons d'amis. Beaucoup avaient agrémenté leurs parcs de rochers, de ruines, de temples ; ils avaient fait couler des fontaines pour alimenter des rivières, un lac ; ils avaient même construit des maisons de paysans.

Entre 1776 et 1784 (date où les travaux de Trianon se terminèrent), il s'était tenu dans les dépendances du château de Versailles beaucoup de conciliabules : les métayers rencontraient les jardiniers, les bergers croisaient les laboureurs, l'horticulteur rendait visite au paysagiste, le meilleur architecte faisait appel à de grands peintres comme Hubert Robert.

— Allons-y voir !

Un vaste domaine était en cours d'aménagement ; les coffres du Roi offraient une succession infinie de profits, on allait bouleverser le paysage de fond en comble...

M. d'Angiviller était alors responsable des bâtiments du Roi. Il lui arrivait de dire à ses amis intimes que « jamais deux arpents de terre n'avaient tant changé de forme ni coûté tant d'argent ». Mais comme il avait toujours trouvé bonté et protection auprès de la Reine, il la laissait faire à Trianon tout ce qu'elle désirait. Libre de choisir entre tous les plans proposés, Marie-Antoinette optait toujours non pas pour le moins cher, mais pour celui qui s'accordait avec son goût, et elle ne pouvait se satisfaire que des fastes du baroque viennois.

Pendant ce temps, le Roi économisait sur ses costumes, poussait la charrue à Trianon, réparait le matériel agricole. Il s'était fait entièrement à cette vie. Les soirs de fête, on le voyait se balader de droite, de gauche, de son pas de laboureur. Il admirait alors sa femme à qui il ne voyait jamais ailleurs un air si réjoui.

En 1784, quand Trianon brillait de tous ses feux, le Roi pouvait dire qu'il avait passé sa vie à être amoureux de sa femme. Elle avait obtenu de lui tout ce qu'elle demandait. A Paris, à la Cour, la Reine croyait bénéficier des mêmes attentions. Elle ne voyait pas qu'elle s'était aliéné tous ceux à qui elle n'avait pas ouvert son cercle d'intimes. Les exclus savaient mieux que les intimes à quelles débauches et aussi à quelles intrigues se livrait la Reine, de qui elle se moquait, qui l'ennuyait, qui lui semblait trop vieux, qui pouvait déplorer de perdre bientôt sa fortune, qui au contraire occuperait prochainement un poste important, qui, tel soir, avait été reçu, qui demain serait chassé de ce lieu de délices... La Reine accréditait ces rumeurs par un art de parler plein de traits et de sel qui coulait de source dès qu'elle était en plaisante compagnie. Cette femme, dont le prince de Ligne a pu dire qu'elle n'eut pas un seul jour de vrai bonheur, avait fait de la gaieté un mode de vie, par bienséance.

Au fond, malgré sa vivacité, elle était fort timide et sensible. Si quelqu'un tirait des conséquences de l'une de ses paroles, elle se défendait d'avoir dit des méchancetés, elle rougissait et devenait encore plus aimable avec la personne offensée.

Quand de Ligne entra dans son intimité, il fut étonné de l'entendre dire : « Je ne suis plus ni Reine, ni archiduchesse, ni mère, ni belle-mère, ni sœur, ni tante, ni fille de Marie-Thérèse, je ne suis plus rien, rien, ajouta-t-elle, *in rinforcando* [1]. »

Pendant que la Reine s'anéantissait et augmentait autour d'elle le nombre des indifférents ou des détracteurs, son ennemi le duc d'Orléans consultait le cartomancien Etteila qui parlait au prince « trône, révolution, famille royale, le diable... ce qui contribua peut-être à déranger sa tête [2] ».

1. Prince de Ligne, *Mémoires*, *op. cit.*, p. 114.
2. *Ibid.*, p. 119.

Parler de Trianon le 15 octobre 1793, c'est pour les juges l'occasion de voir par le trou de la serrure le privé de la Reine, c'est parler de la comtesse de Polignac.

Jean-Baptiste-Olivier Garnerin témoigne. Il a collaboré avec le conventionnel Valazé quand la Commune et la Convention ont inventorié les papiers des Tuileries. Garnerin affirme avoir eu entre les mains les documents trouvés après la prise des Tuileries.

— J'ai vu un bon d'environ quatre-vingt mille livres signé *Antoinette* au profit de la Polignac. J'ai vu aussi une autre pièce qui attestait que l'accusée a vendu ses diamants pour faire passer des fonds aux émigrés français.

Marie-Antoinette se souvient.

Dès 1775, on l'a vu, elle l'a écrit à sa mère :

« Nous sommes dans une épidémie de chansons satiriques. Pour moi, je n'ai pas été épargnée, on m'a très librement supposé les deux goûts, celui des femmes et des amants. »

Pour les femmes, toutes les apparences étaient contre la Reine. Ceux qui lisaient les feuilles satiriques le savaient bien : la Reine était allée au devant de sa couturière, Mlle Bertin, des demoiselles Guimond, Renand et Gentil. Personne, parmi ces favorites, n'avait eu l'idée de dire, pour la défendre, combien, dans sa simplicité, la Reine était naturellement aimante et digne d'être aimée.

La première amie intime de Marie-Antoinette, encore dauphine, avait été la princesse de Lamballe. Née Marie-Thérèse de Savoie-Carignan, elle avait épousé en 1767 le fils unique du duc de Penthièvre, lui-même petit-fils de Louis XIV et de Mme de Montespan. Ce mari excellait surtout dans la débauche et il en mourut. Sa femme s'attacha dès lors à son beau-père qui dépensait sa fortune pour nourrir un grand nombre d'indigents. La princesse se montrait si secourable qu'on l'appelait *Bon Ange.* Cette femme, sans être belle, avait un visage qui n'était qu'esprit et âme. Marie-Antoinette, délicate et tendre mais vraiment trop seule, sentit que Mme de Lamballe saurait lui apporter son cœur. Marie-Antoinette demanda pour la princesse que le poste de *surintendante* de la maison de la Reine, supprimé depuis trente-quatre ans, fût rétabli et qu'il revînt à Mme de Lamballe. Il en coûterait cent cinquante mille livres par an. M. Turgot, qui n'entendait rien dès qu'on lui demandait de l'argent, fit cette fois la grâce de prêter attention. La princesse avait la réputation d'être bonne et obligeante.

Déjà, il s'élevait au milieu de la Cour des voix confuses pour dire que la Reine portait l'amitié jusqu'où elle ne pouvait aller. L'arrivée d'une deuxième favorite, quelle qu'elle fût, ne pouvait que fournir prétexte à des libelles plus indécents où Marie-Antoinette apparaîtra d'une débauche démesurée et contre nature. On disait du Roi que c'était un pauvre homme, acceptant que sa femme ait un gynécée où se décidaient toutes les affaires du royaume. On vit des plaintes vives contre le gouvernement de la Reine éclater tant à Paris qu'à Versailles ; ces pamphlets exhortaient les nobles, les fonctionnaires royaux, les notables importants à n'être pas aussi endurants que le Roi qui ne trouvait mot à opposer aux caprices de sa femme jugée pour le moins étourdie.

Le climat était donc déjà empoisonné quand Mme de Polignac entra dans la vie de la Reine. Entre elles deux s'établit le simple bonheur de vivre. Elles se plaisaient à ce qu'on appelait « la bagatelle, le futile, les plaisirs ». Marie-Antoinette pouvait enfin s'abandonner à ses « *goûts* ».

« Quand je suis avec vous, disait Marie-Antoinette à Mme de Polignac, je ne suis plus la Reine, je suis moi-même. » Et ce *moi-même* adorait jouer de la harpe, chanter, passer les nuits à battre des cartes ou à s'exercer au billard, à raconter des histoires sur les uns, sur les autres.

Un mot sur « la coterie » Polignac.

Gabrielle-Yolande-Martine de Polastron épousa, à dix-sept ans, le comte Jules de Polignac. Les Polignac comptaient dans leur lignée un archevêque d'Auch nommé commandeur de l'ordre du Saint-Esprit et membre de l'Académie française. Il est l'auteur d'un poème qui eut la faveur de l'époque : *l'Anti-Lucrèce*.

Louis XV avait de la sympathie pour Polignac

quand il était encore un jeune prêtre : « Ce jeune homme m'a toujours contredit et m'a toujours plu. »

Jusqu'à l'âge de vingt-cinq ans, la comtesse de Polignac resta enfermée dans l'intérieur de sa famille et « fut heureuse parce qu'on ne parlait pas d'elle ».

La sœur du comte ayant obtenu une place dans la maison de la comtesse d'Artois, ce fut une occasion pour elle et son mari de paraître quelquefois à Versailles.

Tout de suite, la Reine remarqua cette femme qui dansait avec grâce, qui, en plus d'une belle voix et de beaucoup d'esprit, avait cette beauté expressive des brunes aux yeux bleus. Tout son visage souriait avec un calme et une telle bienséance qu'on ne pouvait avoir que des bontés pour cette femme fort secrète pour elle et fort sûre pour ses amis. La Reine, profondément mélancolique mais que la joie des autres attirait, aima cette amie dont la gaieté n'avait rien que de convenable. La comtesse était d'ailleurs, sous une nonchalance apparente, flatteuse, caressante, insinuante, voulant plaire pour plaire et aussi réussir.

Peu à peu, la Reine apprit que cette famille qui avait deux enfants n'était pas riche et, comme la Reine voulait que la comtesse se fixât à la Cour avec son mari, elle la mit, par des pensions, en état de soutenir ce train de vie sans se ruiner.

Un jour, la comtesse avoua que son mari avait

accumulé les dettes, quatre cent mille livres. La Reine les paya et décida de laisser à la comtesse le soin de calculer comme il lui plaisait les frais d'une maison où Marie-Antoinette passait presque tout son temps. Cette faveur n'échappa à personne et, bien vite, on accusa le clan Polignac de tout traiter en cachette et de réussir au-delà de ses espérances.

Les amis autrichiens de Marie-Antoinette avaient été les premiers à la mettre en garde contre ses largesses dont elle aurait lieu un jour de se repentir. « C'est du pillage, écrit Mercy-Argenteau. Sans aucun mérite envers l'État et par pure faveur, on compte que la famille Polignac s'est procuré, tant en grandes charges qu'en autres bienfaits, pour près de cinq cent mille livres de revenus annuels. » En réalité, sept cent mille livres.

Les Polignac, « c'est une troupe de fripons », dit Kaunitz. Et il n'épargnait personne. Ni Diane de Polignac, la belle-sœur qui a obtenu la charge de la maison de Madame Élisabeth, ni le beau-père nommé ambassadeur en Suisse, ni M. de Vaudreuil, l'amant de Mme de Polignac, devenu grand fauconnier (il espérait devenir directeur des bâtiments du Roi et recevait trente mille livres de pension) ; ni la fille de la comtesse, qui reçut une dot de cinq cent mille livres pour se marier avec le duc de Guiche, nommé aussitôt survivancier d'une compagnie de gardes du corps.

La comtesse avait aussi dit à la Reine que son

mari n'avait pas sa place à la Cour. Polignac fut fait duc héréditaire et reçut la charge de directeur des postes et des haras.

Venus à bout de leur réussite, les Polignac se protégeaient durement. Ils éloignaient les gens de leurs affaires. Leur passion de tout gouverner avec la plus grande opinion de soi renforçait cette coterie tout occupée d'arriver à ses fins.

Pour tous les gens de cour, même ceux qui ne médisaient pas, il était surprenant qu'avec tant d'esprit, de grâce, de talents, tant de désir d'être généreuse, tant de moyens de séduire qui elle voulait, la Reine n'ait pas su pendant cinq ans se déprendre des Polignac et ait pensé, senti, intrigué si continuellement pour eux.

Il faudra l'Affaire du Collier pour jeter un froid entre les deux amies, la duchesse de Polignac continuant de recevoir chez elle des personnes qui n'avaient pas ménagé la Reine.

Pourtant, la duchesse de Polignac allait augmenter le nombre de ses ennemis en devenant gouvernante des Enfants de France. Cette place, réservée aux familles qui avaient le plus de noblesse, ne convenait pas à des « parvenus ». La duchesse n'avait d'ailleurs rien fait pour obtenir une telle charge : elle avait une santé délicate sur un grand fond de paresse et aimait par-dessus tout le repos. Elle accepta en se dévouant : « par amitié » pour la Reine.

Justement, après Trianon et les Polignac, le président Herman en vient à l'Affaire du Collier.

Depuis 1790, Mme La Motte était revenue de Londres. Elle habitait chez un chancelier du duc d'Orléans.

En 1785, l'Affaire du Collier fut pour les uns un scandale, pour d'autres une farce, et en tout cas une intrigue pétulante, dangereuse, que l'on ne pardonnerait pas. L'Affaire révélait un cardinal escroc, appartenant à la famille de Rohan, que le Roi appelait « mon cousin » ; une entremetteuse, la prétendue comtesse de La Motte-Valois qui sera condamnée au fouet, à être marquée d'un V (voleuse) au fer rouge, à la prison dont elle a réussi à s'enfuir.

Le public connut la Cour à travers « le collier de Rohan », et, désormais, la Cour ne pouvait plus abuser personne. Elle parut un lieu où étaient accueillis, ménagés, entretenus des joailliers dispendieux, un prélat jouisseur, une prostituée qui se faisait aisément passer pour la Reine, le soir, dans les bosquets.

A une époque où la difficulté de vie forçait certains malins à user de tous les moyens pour faire de l'argent, cette malhonnêteté fit scandale. Marie-Antoinette fut une femme perdue après l'Affaire du Collier.

En 1790, Louis XVI avait craint un moment que l'Assemblée nationale ne rendît à nouveau public ce grand scandale. Marie-Antoinette aurait eu alors à subir, outre la violence des orateurs de la Constituante, les calomnies des journaux. Cette vindicte ne lui aurait laissé d'autre choix que de se punir elle-même en entrant dans quelque retraite pour finir sa vie dans le silence. C'était en même temps atteindre le Roi qui n'aurait pas supporté le mépris pour sa femme et se serait démis.

Le 15 octobre 1793, sur « le collier de Rohan », la conviction des patriotes est faite : Marie-Antoinette a trempé dans cette affaire. Rohan, La Motte étaient ses intermédiaires. Ils ont acheté pour la Reine, sans le consentement de Louis XVI, ce collier, le plus cher du monde : un million cinq cent mille livres.

— N'est-ce pas au Petit Trianon que vous avez connu pour la première fois la femme La Motte ?

— Je ne l'ai jamais vue.

— N'a-t-elle pas été votre victime dans l'Affaire du Collier ?

— Elle n'a pu l'être puisque je ne la connaissais pas.

— Vous persistez donc à nier que vous l'ayez connue ?

— Mon plan n'est pas la dénégation ; c'est la vérité que j'ai à dire et que je persisterai à dire.

L'accusateur public tient tous les fils de l'inculpation. Que la Reine ait tiré de grands profits du royaume pour ses plaisirs, pour sa famille, pour sa favorite, la Polignac, prouve que le Roi, dans les mains de sa femme, était tombé au plus bas degré de la sottise. Marie-Antoinette a, de la même manière, dirigé les affaires de l'État en agissant pour les seuls intérêts de l'empereur d'Autriche.

Fouquier-Tinville pose alors les questions que tout le monde attend.

— Le ci-devant Roi vous a-t-il obéi ?

— Il y a loin de conseiller une chose à la faire et à l'exécuter.

Marie-Antoinette se souvient.

Au début des années 1780, le Roi voyait dans la monarchie française la grandeur de la civilisation. Le goût de la vie, la vocation du bonheur, le respect des hommes et des institutions se trouvaient au plus haut en France et dans les États qui la prenaient pour modèle.

Mais la grandeur de la France se mesurait aussi à la gravité des dangers qu'elle courait.

Les mœurs étaient devenues détestables. A Versailles, on jouait un jeu d'enfer jusque dans « le cercle de la Reine ». Marie-Antoinette, le comte d'Artois, Madame Élisabeth perdaient tant d'argent que le Roi devait tenir un livre « Dettes de jeu ».

A Paris, l'affairisme s'étalait ; au Palais-Royal devenu Palais-Marchand, le duc de Chartres, futur Philippe-Égalité, était appelé prévôt des marchands. Une caricature le représentait en chiffonnier, ramassant des nippes :

— Je cherche des loques à terre [locataires].

Les galeries de bois au sud du palais, qu'on appelait le camp des Tartares, était l'endroit le plus mal famé de Paris. La prostitution s'exhibait et gagnait l'entourage de la duchesse de Chartres qui dut renvoyer sa dame d'honneur. Le duc de Chartres, qui avait choisi sa maîtresse comme gouvernante de ses enfants, donnait, dans sa maison de Monceau, des soupers de femmes nues qui attiraient tous les visiteurs de marque. Le clergé élisait comme agents généraux deux polissons notoires, Talleyrand et de Boisgelin.

Le gouvernement et les institutions inspiraient une aversion incroyable au Parlement de Paris. Les parlementaires rejetaient comme despotique toute loi qui pouvait créer un État de droit moderne. En même temps, le Parlement cherchait à se poser en Sénat de la nation, défenseur d'un peuple opprimé par une Cour et une noblesse indignes de gouverner.

Les militaires n'étaient pas plus dociles que les civils.

La discussion était partout, jusque dans la fameuse *ferme générale* qui soupçonnait le Roi de vouloir convertir la *ferme* en une régie nationale que dirigeraient des fonctionnaires.

L'argent ne rentrait plus et la Cour coûtait en 1789, 39 240 000 livres, soit le douzième des revenus du Trésor.

Le 20 décembre 1786, le ministre Calonne avait dit au Roi :

— La France ne se soutient que par une espèce d'artifice. Malgré un déficit de cent millions par an, il ne faut pas augmenter le fardeau des impositions, il est même nécessaire de les diminuer.

Au Conseil des cent quarante-quatre notables, réuni le 22 février 1787, Calonne révéla que le royaume avait six cent quatre millions de dettes et un milliard deux cent cinquante millions d'« anticipations », c'est-à-dire d'emprunts. Pour « sauver l'État », jusqu'en 1797 il fallait supprimer tous « les abus », sacrifier des privilèges, faire payer une subvention territoriale sans aucune distinction ni exception.

Les notables s'indignèrent :

— Qu'on ne nous parle pas de déficit et qu'on le comble sans nous parler d'impôts.

Le Roi congédia Calonne le 10 avril 1787. Il renvoya les notables le 25 mai : « Leurs vaines disputes les rendaient inutiles. »

Pour remplacer Calonne, le Roi ne voulait plus de « Neckeraille ni de Prêtraille ». Mais la Reine sut convaincre le Roi : on pouvait déjouer la banqueroute en inventant des diversions.

Des diversions, soit ! Mais le royaume serait de toute manière broyé comme fétu de paille. Le Roi avait atteint un point de renoncement où il ne pouvait plus que s'aligner sur les vues de sa femme. Marie-Antoinette voulait nommer Loménie de Brienne, archevêque de Toulouse et bon administrateur. Il venait de faire échouer par ses objections les projets de Calonne, il aurait d'autres recettes. Louis XVI voyait dans Loménie de Brienne un discoureur de plus.

— Vous voulez l'archevêque, dit le Roi à Marie-Antoinette, vous vous en repentirez. Il passe pour avoir un caractère inquiet et ambitieux.

En septembre 1788, nouvelle crise. C'est encore Marie-Antoinette qui prend l'initiative d'écrire à Necker : « Venez demain à dix heures chez moi, ici. »

Le Roi avait dit devant tous ses intimes :

— On m'a fait rappeler Necker, je ne le voulais pas.

Marie-Antoinette avait écrit à Mercy-Argenteau le 19 août 1788 : « Avec M. Necker, il faut un frein. Le Roi n'est pas en état, et moi quelque chose que je dise et qui arrive, je ne suis jamais qu'en second et malgré la confiance qu'il m'accorde, le Roi me le fait sentir souvent. »

Marie-Antoinette voyait juste. Elle n'avait aucun ascendant sur le Roi, mais ils étaient tous deux bien mal embarqués, et elle, au moins, gardait un certain instinct de confiance. Necker considérait Marie-Antoinette comme une élève peu douée, mais elle serait représentative dans la monarchie à l'anglaise qu'il voulait établir en France, même s'il se disait qu'il valait mieux être le ministre d'un roi absolu.

Au tribunal, le 15 octobre 1793, tard dans la

nuit, Fouquier-Tinville fait citer le limonadier Michonis. Celui-ci confirme qu'il connaît l'accusée. Il l'a conduite du Temple à la Conciergerie. Il a aussi permis à quelques personnes de l'approcher.

— Comment avez-vous pu, vous, administrateur de police, au mépris des règlements, introduire des inconnus auprès de l'accusée ?

— Ce n'est pas eux qui m'ont demandé à voir la Veuve Capet ; c'est moi qui le leur ai offert.

— Parmi les noms des visiteurs que vous avez cités, le Comité de sûreté en a remarqué un qu'il n'est pas possible d'identifier.

— C'est un particulier.

— Justement, nous menons sur lui une instruction particulière. Combien avez-vous dîné de fois avec lui ?

— Deux fois.

— Quel est le nom de ce *particulier* ?

— Je l'ignore.

— Combien vous a-t-il promis ou donné, pour avoir la satisfaction de voir Antoinette ?

— Je n'ai jamais reçu aucune rétribution.

— Pendant qu'il était dans la chambre de l'accusée, ne lui avez-vous vu faire aucun geste ?

— Non.

— Ne l'avez-vous point revu depuis ?

— Je ne l'ai revu qu'une seule fois.

— Pourquoi ne l'avez-vous point fait arrêter ?

— J'avoue que c'est une double faute que j'ai commise à cet égard.

Sous le regard méprisant du tribunal, Pierre Fontaine, le marchand de bois qui a fait se rencontrer Michonis et « le particulier », vient témoigner.

Le président lui demande :

— Depuis combien de temps connaissez-vous Michonis ?

— Depuis environ quatorze ans.

— Combien de fois a-t-il été dîner chez vous ?

— Trois fois.

— Comment nommez-vous le particulier qui a dîné chez vous avec Michonis ?

— On l'appelle de Rougeville. C'est un particulier dont les manières et le ton ne me revenaient pas ; il avait été amené par la dame Du Tilleul.

— D'où connaissez-vous ladite femme Du Tilleul ?

— Je l'ai rencontrée un soir, avec une autre femme, sur le boulevard ; nous tînmes conversation, et fûmes prendre une tasse de café ensemble ; depuis ce temps, elle est venue chez moi plusieurs fois.

— Ne vous a-t-elle point fait quelque confidence ?

— Jamais.

— Quels sont les noms des députés qui se sont trouvés avec de Rougeville et Michonis ?

— Il n'y en avait qu'un.

— Comment le nommez-vous ?

— Sautereau, et deux autres commissaires, envoyés par les assemblées primaires de la Nièvre, pour apporter leur acte d'acceptation de la Constitution.

— Quels sont leurs noms ?

— Balendrot, curé de Beaumont, et Paulmier, du même département.

On se souvient que, le 12 octobre, lors de l'instruction préalable[1], Marie-Antoinette a reconnu avoir reçu de Rougeville un papier plié dans un œillet.

— Antoinette, avez-vous répondu à ce billet ?

— J'ai essayé avec une épingle, non pas de répondre mais d'engager le visiteur à ne pas revenir.

Le président demande au greffier de présenter le billet criblé de trous d'épingle aux membres du jury. Tous restent cois.

Faut-il s'en tenir à la lecture faite par la Reine au cours de l'instruction ?

— J'ai essayé de marquer que j'étais gardée à vue, que le danger était trop grand pour y reparaître et que je ne pouvais ni parler ni écrire.

Qu'elle ne puisse ni parler ni écrire, qui peut en douter ? et Rougeville moins qu'un autre.

André Castelot a trouvé ce billet gris, conservé aux Archives nationales, et il l'a regardé attentive-

1. Voir pages 60 et 159.

ment avec l'aide d'un spécialiste, M. Pelenski, qui a pu déchiffrer :

Je suis gardée à vue
Je ne parle à personne
Je me fie à vous. Je viendrai.

Pour André Castelot : « Je me fie à vous. Je viendrai » éclaire tout le complot de l'œillet : avec quatre cents louis d'or et dix mille livres en assignats, la Reine a pu « gagner les gardes » et en particulier Gilbert, peut-être Dufresne [1].

« Sans doute, dans les différents interrogatoires, ne parle-t-on pas de cette troisième visite de Rougeville, mais il paraît vraisemblable que le chevalier ne ment pas lorsqu'il affirme que le 30, *sous un autre costume*, il avait pu revenir à la prison porter à la Reine 400 louis d'or et 10 000 livres en assignats. ''C'est dans cette entrevue, raconte Rougeville, qu'il fut arrêté, malgré l'extrême faiblesse où la Reine se trouvait, que l'enlèvement se ferait la nuit du 2 au 3 septembre [2].'' »

Qui alors a fait échouer le complot ? Selon Rougeville, la Reine devait être libérée dans la nuit du 2 au 3 septembre. Sur ce point, Rougeville s'est lui-même expliqué dans une lettre qu'il enverra au prince de Metternich, le 23 mars 1794. A cette époque, Rougeville, pris pour un

---

1. André Castelot, *Marie-Antoinette*, *op. cit.*, p. 482-483.
2. *Ibid.*, p. 483.

espion de Cobourg par les Français, a été arrêté à Bruxelles et interné.

« Toutes choses bien concertées, accompagné toujours de Michonis, nous nous rendîmes la nuit du 2 à la prison et nous y trouvâmes la Reine disposée à se prêter à toute tentative d'évasion ; nous avions déjà passé tous les guichets, et n'avions plus que la porte de la rue, lorsqu'un des deux gardes, à qui j'avais donné 50 louis en or, s'opposa avec menace à la sortie de la Reine [1]. »

Revenons à l'audience du 15 octobre.

Fouquier-Tinville attire la foudre sur Rougeville :

— A n'en pas douter, cet homme introduit dans la prison de la Reine est un *chevalier du poignard*. Cette secte est bien connue de notre police. Elle réunit des gens qui ont toujours une panoplie sur eux pour passer à l'action. Ils ont tous décidé de massacrer les patriotes comme du bétail. Pour les empêcher d'accomplir au pied de la lettre ce qu'ils s'étaient juré de faire, on a entendu le ci-devant Roi dire un jour : « Le premier bougre qui me parlera de ces conspirateurs, je lui foutrai mon pied dans le ventre. »

Et, en effet, dès 1790, le Comité de recherches avait repéré celui qui se fait nommer marquis de

1. Cette lettre est citée par G. Lenôtre, *le Vrai Chevalier de Maison-Rouge*, Perrin, 1903, p. 142-143.

Rougeville. On l'avait vu dans les appartements du Roi, aux Tuileries. On l'avait signalé comme étant un homme décoré de la croix de Saint-Louis, d'une taille très médiocre et toujours habillé de noir. Le rapport ajoute : Il a le trouble dans les yeux comme sont ceux qui ont des idées derrière la tête. Pendant des semaines, on avait vu Rougeville errer dans les Tuileries, avec arrogance en plus. Si un serviteur le poussait, il n'hésitait pas à le houspiller : « Je suis chez le Roi, je suis fait pour y être, et le Roi seul a droit de m'en interdire l'entrée. » Un lieutenant de police l'avait serré de près. Ce garde avait constaté qu'il avait quelque chose dans la manche de son habit, sûrement un poignard, et deux pistolets dans la poche. A n'en pas douter, aux Tuileries, Rougeville était à l'affût. Il préparait l'enlèvement du ci-devant Roi, en même temps que devait commencer l'assaut des *chevaliers du poignard* contre la garde nationale.

Et, peu à peu, Fouquier-Tinville hausse le ton. C'est l'Assemblée nationale que Rougeville voulait détruire...

— Rougeville s'est présenté à la Convention où il voulait être reçu porteur d'un énorme paquet.

— Qu'est-ce que tu veux faire avec ce paquet, citoyen ?

— J'ai fait couler les cloches de ma ville et je viens livrer du plomb pour faire des balles.

Eh bien, ce n'était pas du plomb, c'était

de l'explosif fortement comprimé, en si grande quantité qu'il y avait de quoi réduire en poussière l'Assemblée nationale et ses occupants.

Fouquier-Tinville n'a pas de doute. Par ce massacre, Rougeville voulait arrêter court l'élan patriotique.

C'est maintenant au juge Herman de porter à Marie-Antoinette les derniers coups.

— Lors de votre mariage avec Louis Capet, n'avez-vous pas conçu le projet de réunir la Lorraine à l'Autriche ?

— Non.

— Vous portez ces noms réunis ?

— Parce qu'il faut porter le nom de son père.

Reste l'essentiel : l'enfant Louis-Charles Capet.

— Pourquoi, vous qui avez promis d'élever vos enfants dans les principes de la Révolution, leur avez-vous inculqué des erreurs, en traitant, par exemple, votre fils avec des égards qui semblent faire croire que vous pensez encore à le voir un jour le successeur du ci-devant Roi son père ?

— Il était trop jeune pour lui parler de cela. Je le faisais mettre au bout de la table et lui donnais moi-même ce dont il avait besoin.

— Quel intérêt mettez-vous aux armes de la République ?

— Le bonheur de la France est celui que je désire par-dessus tout.

— Pensez-vous que les rois soient nécessaires au bonheur du peuple ?

— Un individu ne peut pas décider de cette chose.

— Vous regrettez sans doute que votre fils ait perdu un trône sur lequel il eût pu monter, si le peuple, enfin éclairé sur ses droits, n'eût pas brisé ce trône ?

— Je ne regretterai jamais rien pour mon fils quand son pays sera heureux.

— Ne vous reste-t-il rien à ajouter à votre défense ?

— Hier, je ne connaissais pas les témoins ; j'ignorais ce qu'ils allaient déposer ; eh bien ! personne n'a articulé contre moi aucun fait positif. Je finis en observant que je n'étais que la femme de Louis XVI, et qu'il fallait bien que je me conformasse à ses volontés.

Et Marie-Antoinette se tait pour toujours.

Personne n'entendra ce qu'elle voudrait dire et qui n'a de valeur que pour elle, elle, prisonnière de son terrible et incommunicable destin.

Elle pense que, tout au long de sa vie, elle a entraîné une escorte de gens qui vivent encore en l'estimant, qui l'accompagnent depuis qu'elle a été reine, qui pleurent sur elle depuis sa détention et lui seront fidèles jusqu'à la mort.

Voilà qui la délivre du blâme de ces juges qui n'ont réussi ni à percer aucun de ses secrets, ni à imposer d'elle une trompeuse image. Elle sait qu'elle sera détruite dans quelques heures, mais elle espère être justifiée par la bonté de Dieu qui a créé le monde à l'image de l'homme et pour son bonheur.

Les débats sont terminés. Fouquier-Tinville va encore être entendu. Il dénonce derechef la conduite perverse de la ci-devant cour, ses machinations continuelles contre la liberté qui lui déplaisait et dont elle voulait voir la destruction à quelque prix que ce fût ; ses efforts pour allumer la guerre civile, afin d'en faire tourner le résultat à son profit, en appliquant cette maxime machiavélique : *Diviser pour régner* ; ses liaisons criminelles et coupables avec les puissances étrangères, avec lesquelles la République est en guerre ouverte ; ses intimités avec une faction scélérate, qui lui était dévouée et qui secondait ses vues, en entretenant dans le sein de la Convention les haines et les dissensions, et en employant tous les moyens possibles pour perdre Paris, en armant les départements contre cette cité ; ses calomnies contre les généreux habitants de cette ville, mère conservatrice de la liberté ; les massacres exécutés par les ordres de cette cour corrompue, dans les principales villes de France, notamment à Montauban, Nîmes, Arles, Nancy, au Champ-de-Mars.

— Je regarde Antoinette comme l'ennemie déclarée de la nation française, comme une des principales instigatrices des troubles qui ont eu lieu en France depuis quatre ans et dont des milliers de Français ont été les victimes.

Après le réquisitoire de Fouquier-Tinville, on se prépare à écouter « dans le plus grand silence » comme le demande le président, les plaidoyers de maître Chauveau-Lagarde et maître Tronçon-Ducoudray.

L'un et l'autre nommés d'office le 14 octobre ont rencontré toutes les entraves. L'acte d'accusation, ingénieusement bâclé, accumulait les choses les plus fortuites, les accusations vagues entrecoupées de continuelles incidentes. Répondre, c'était marcher dans un piège et s'y laisser prendre. Les dépositions des témoins étaient presque toutes des cris de corbeaux enterreurs de morts. Parfois, au cours des débats, si une preuve manquait, l'accusateur public s'était changé en témoin à charge. Sans logique, sans suivi dans la chronologie, mené à la diable pour décourager l'accusée, tout le procès n'était qu'un acte malveillant.

Le 15 octobre, dans les quinze minutes que laisse le tribunal pour improviser une défense, Chauveau-Lagarde ne veut démontrer qu'une chose : Marie-Antoinette va être condamnée *sans autre forme de procès*, c'est-à-dire injustement.

Que lui reproche-t-on ? D'avoir pris la tête d'un complot pour rétablir la royauté, à la fois en appelant à l'aide les puissances étrangères et en donnant de l'argent à la subversion nationale représentée par les émigrés.

Il faut des certitudes. Peut-on prouver que Marie-Antoinette a obligé l'armée française à évacuer la Belgique ? Dumouriez seul, jugeant qu'il n'a personne pour lui à la Convention, a décidé de passer à l'ennemi et de marcher sur Paris « quand le royaume aura un roi ». Ce roi, a-t-il dit, peut s'appeler *Louis* ou *Jacobus* (allusion au club des Jacobins). C'est Dumouriez qui a livré aux Autrichiens les commissaires de la Convention venus l'arrêter.

— Est-ce Marie-Antoinette qui a mis la main de Dumouriez dans celle des Autrichiens ?

Marie-Antoinette a-t-elle créé les conditions qui permettaient qu'une trahison eût lieu ? La déclaration de la guerre a été le fait du ministère girondin qui a agi contre la volonté du Roi et par suite d'une décision prise en Conseil des ministres.

L'accusation de dilapidation au profit des contre-révolutionnaires ou pour des placements rapaces à Londres et à Hambourg n'a pu être prouvée que par ouï-dire. Cette accusation paraît démesurée, venant d'une femme de chambre qui n'avait pas accès aux actes comptables.

En conclusion, Chauveau-Lagarde dit :

— Je crois avoir tenu l'engagement que j'avais contracté de démontrer jusqu'à l'évidence que rien ne pouvait égaler l'apparente gravité de l'accusation, si ce n'est, peut-être, la nullité des preuves.

Accusés d'avoir offensé gravement la justice, les avocats de Marie-Antoinette sont aussitôt arrêtés.

La parole est maintenant au président Herman.

Émacié de visage, patelin dans ses propos, en commençant il a l'air de se sentir désarmé et malheureux. Sans cesse, il hésite entre deux personnages opposés. Va-t-il être autoritaire, omnipotent ou se revêtir de douceur ? Non, il sera pathétique.

Brusquement, Herman se mouche, secoue la tête... Pour se montrer un foudre d'éloquence, Herman doit faire appel à une émotion particulière, celle que déclenche chez tous les patriotes le souvenir des martyrs de la guerre civile. Tuer, responsabilité inexpiable. Antoinette s'est retranchée elle-même de l'humanité bien plus sûrement que ses victimes dont elle ne peut plus être séparée.

Voici Herman monté sur des cercueils pour parler à la masse du pays.

« Et s'il eût été permis de se livrer à des mouvements que la passion de l'humanité commande, nous eussions évoqué devant le jury national les mânes de nos frères égorgés à Nancy, au Champ-de-Mars, aux frontières, en Vendée, à Marseille, à Lyon, à Toulouse, par suite des machinations infernales de cette moderne Médicis ; nous eussions fait amener devant vous les pères, les mères, les épouses, les enfants de ces malheureux patriotes. Que dis-je ? malheureux ! Ils sont morts pour la liberté et fidèles à leur patrie. Toutes ces familles éplorées, dans le désespoir de la nature, auraient accusé Antoinette de leur avoir enlevé ce qu'elles avaient de plus cher au monde, ce dont la privation rend la vie insupportable. »

De même que les victimes de l'Autrichienne doivent accourir en foule pour ce jugement dernier, de même Herman rappelle qu'il faut considérer « toute la vie politique de l'accusée, depuis qu'elle est venue s'asseoir à côté du dernier roi des Français. Mais vous devez surtout fixer votre délibération sur les manœuvres qu'elle n'a cessé un instant d'employer pour détruire la liberté naissante, soit dans l'intérieur, soit par ses liaisons intimes avec d'infâmes ministres, de perfides généraux, d'infidèles représentants du peuple, soit au-dehors, en faisant négocier cette coalition monstrueuse des despotes de l'Europe, à laquelle l'Histoire réserve le ridicule pour son impuissance ; enfin par ses correspondances avec les ci-devant princes français émigrés, et leurs dignes agents ».

Quatre questions sont posées aux jurés :

« 1° Est-il constant qu'il ait existé des manœuvres et des intelligences avec les puissances étrangères et autres ennemis extérieurs de la République ; lesdites manœuvres et intelligences tendant à leur fournir des secours en argent, à leur donner accès sur le territoire français et à y faciliter les progrès de leurs armes ?

« 2° Marie-Antoinette d'Autriche, veuve de Louis Capet, est-elle convaincue d'avoir coopéré à ces manœuvres et d'avoir entretenu ces intelligences ?

« 3° Est-il constant qu'il ait existé un complot et une conspiration tendant à allumer la guerre civile dans l'intérieur de la République ?

« 4° Marie-Antoinette d'Autriche, veuve de Louis Capet, est-elle convaincue d'avoir participé à ce complot et à cette conspiration ? »

A 3 heures du matin, le jury se retire. Les juges ne quittent pas la *Grand-Chambre*. Puis, après être restés environ une heure en délibération, les jurés rentrent à l'audience et font une réponse affirmative sur toutes les questions qui leur ont été soumises.

A 4 heures, la sonnette du président retentit.

Avant de faire entendre la voix de la justice nationale, le président interdit à l'auditoire tout signe d'approbation. Antoinette « n'appartient plus qu'au malheur et à l'humanité ».

L'accusée est ramenée à l'audience.

Toute la fin de ce procès bâclé paraît très lente. Cette lenteur fait croire à quelque scrupule de la justice. Fouquier-Tinville requiert la peine de mort.

Le président interpelle l'accusée de déclarer si elle a quelques réclamations à faire sur l'application des lois invoquées par l'accusateur public. Antoinette secoue la tête en signe de négation. Sur la même interpellation faite aux défenseurs, Tronçon prend la parole et dit : « Citoyen président, la déclaration du jury étant précise et la loi formelle à cet égard, j'annonce que mon ministère, à l'égard de la Veuve Capet, est terminé. »

Le président recueille les opinions de ses collègues et prononce le jugement suivant :

« Le Tribunal, d'après la déclaration unanime du jury, faisant droit sur le réquisitoire de l'accusateur public, d'après les lois par lui citées, condamne ladite Marie-Antoinette, dite Lorraine d'Autriche, veuve de Louis Capet, à la peine de mort ; déclare, conformément à la loi du 10 mars dernier, que ses biens, si elle en a dans l'étendue du territoire français, sont acquis et confisqués au profit de la République ; ordonne qu'à la requête de l'accusateur public, le présent jugement sera exécuté sur la place de la Révolution, imprimé et affiché dans toute l'étendue de la France. »

« Le visage de la condamnée n'est nullement altéré », note *le Moniteur*. « On la reconduit à la maison d'arrêt de la Conciergerie. »

Ce qu'on sait de Marie-Antoinette à partir de 4 h 30 du matin où elle quitte le tribunal, semble emprunté à quelque pieux mémorial.

Les premiers hagiographes, Montjoye et Lafont d'Aussonne, sont avant tout soucieux de montrer que la Reine a trouvé bonté et protection de la part de ceux qui l'ont approchée.

Voici de Busne, lieutenant de gendarmerie près les tribunaux, membre de la société populaire des Gardes-Français. Il a été préposé « à la conduite de l'accusée ». Il n'a fait que son devoir, mais avec le souci d'accomplir humainement sa tâche. De Busne n'en dit pas trop, il témoigne à une époque où siège encore le Tribunal révolutionnaire.

Pendant l'audience, de Busne a tendu de l'eau à l'accusée quand elle avait soif.

Quand, sortant du tribunal, l'accusée « dérivait dans le corridor », de Busne lui a présenté son avant-bras pour descendre les escaliers.

— C'est pour lui éviter une chute que je pris cette mesure. Si elle fût tombée dans l'escalier, on eût crié à la conspiration, à la trahison. La gendarmerie en était convaincue. Les lois de la nature, ma mission, les lois de l'État le plus redoutable me prescrivaient le devoir de conserver Antoinette pour son parfait jugement.

Rosalie Lamorlière, servante à la Conciergerie, est l'une des dernières personnes qui aient vu Marie-Antoinette. Elle a vécu jusqu'en 1840. Lafont d'Aussonne a pu l'interroger et aussi, en 1836, Mme Simon Vouet, auteur de *Marie-Antoinette devant le* XIXe *siècle.*

Le dialogue entre Mme Simon Vouet et Rosalie Lamorlière donne aux derniers moments de la vie de Marie-Antoinette les accents les plus tendres.

— Revîtes-vous Marie-Antoinette après sa condamnation ?

— Je descendis dans son cachot par ordre de Lebeau, vers 7 heures ; deux chandelles presque usées brûlaient encore sur sa petite table ; j'en conclus qu'on les lui avait laissées toute la nuit.

La Princesse était couchée habillée sur son lit ; elle avait encore sa grande robe noire. Un officier de gendarmerie, assis dans le coin le plus reculé de la chambre, paraissait endormi. Je m'approchai en tremblant de Madame, et la suppliai d'accepter un bouillon que j'avais tout préparé sur mes fourneaux. Elle souleva la tête, me regarda avec sa douceur ordinaire, et me répondit en soupirant : « Je vous remercie, ma fille, je n'ai plus besoin de rien. » Et comme je me retirais en pleurant, soit qu'elle craignît de m'avoir affligée, ou bien qu'elle voulût me revoir une dernière fois, elle me rappela pour me dire : « Eh bien ! Rosalie, apportez-moi votre bouillon. »

— Et prit-elle ce bouillon quand vous le lui apportâtes ?

— Une ou deux cuillerées seulement. Ensuite elle me pria de l'aider à s'habiller. On lui avait fait dire de quitter sa robe de deuil, parce que cela pourrait exciter le peuple à l'insulter ; mais nous pensâmes, à la prison, que l'on craignait plutôt l'intérêt que réveillerait sa position de veuve du Roi. La Princesse ne fit aucune objection, et disposa son déshabillé blanc du matin. Comme elle perdait tout son sang, elle avait aussi ménagé une chemise pour aller à la mort, et je remarquai qu'elle avait l'intention de paraître avec une mise aussi décente que le permettait son grand dénuement, ainsi qu'elle l'avait fait le jour du jugement. Au moment de se déshabiller, elle se glissa dans la ruelle entre le mur et le lit de sangle, afin de se soustraire aux regards de l'officier ; mais ce jeune homme s'avança impudemment en appuyant ses coudes sur l'oreiller pour la regarder. La Princesse rougit beaucoup, et se couvrit à la hâte de son grand fichu ; puis joignant ses mains en se tournant d'un air suppliant du côté de l'officier : « Monsieur, s'écria-t-elle, au nom de l'honnêteté, permettez que je change de linge sans témoin ! »

— Cet homme dut être bien humilié de son action ?

— Il répondit, au contraire, avec dureté, que ses ordres portaient qu'il ne devait pas perdre un instant de vue la condamnée. La Reine leva les yeux au ciel, et les reporta sur moi sans articuler une parole, car j'étais habituée à comprendre tous ses regards, et je me plaçai de manière à la dérober autant qu'il était possible à ceux de l'officier. Alors, agenouillée derrière son lit, et avec toutes les précautions que lui suggéra sa modestie, Sa Majesté parvint à changer de linge sans même découvrir ses épaules ou ses bras.

Lorsqu'elle fut entièrement habillée, elle porta autour de sa chambre des regards pleins d'anxiété, comme pour chercher quelque objet qu'elle craignait de ne pouvoir découvrir. Je m'efforçais inutilement de deviner la cause de cette inquiétude, lorsque je vis la Princesse plier soigneusement la chemise ensanglantée qu'elle venait de quitter, l'envelopper exactement dans l'une de ses manches, et glisser, avec l'expression d'une ineffable satisfaction, ce petit paquet dans un enfoncement qu'elle venait d'apercevoir dans le mur derrière un lambeau de la toile à papier.

Entre les bons offices du gendarme de Busne et le bouillon de Rosalie, Marie-Antoinette a écrit un texte qui n'est ni une justification ni un testament politique ou spirituel, seulement une marque d'attachement absolu à l'égard de sa belle-sœur, Madame Élisabeth, et de ses enfants.

Ce texte est passé de main en main. En 1816, quand il est rendu public, celui qui le détient se nomme Edmé-Bonaventure Courtois, châtelain et propriétaire à Rambluzin dans la Meuse.

Ancien conventionnel, député de l'Aube, Courtois, ami de Danton, est un régicide. Après les Cent-Jours, il était maire de sa commune, ensuite, il a jugé prudent de s'exiler à Bruxelles. Pourtant, Courtois croit avoir un atout. Il espère obtenir la grâce du gouvernement de Louis XVIII en révélant tous les papiers qu'il a récupérés chez Robespierre quand, après le 9 thermidor, il a été nommé rapporteur de la commission d'inventaire.

Voici donc la dernière lettre de Marie-Antoinette que, vingt-trois ans après qu'elle eut été écrite, Courtois adresse à M. Becquey, conseiller d'État.

« C'est à vous, ma sœur, que j'écris pour la

dernière fois. Je viens d'être condamnée, non pas à une mort honteuse, elle ne l'est que pour les criminels, mais à aller rejoindre votre frère. Comme lui innocente, j'espère montrer la même fermeté que lui dans ses derniers moments. Je suis calme comme on l'est quand la conscience ne reproche rien. J'ai un profond regret d'abandonner mes pauvres enfants ; vous savez que je n'existais que pour eux et vous, ma bonne et tendre sœur. Vous qui aviez par votre amitié tout sacrifié pour être avec nous, dans quelle position je vous laissc ! J'ai appris, par le plaidoyer même du procès, que ma fille était séparée de vous. Hélas ! la pauvre enfant, je n'ose pas lui écrire, elle ne recevrait pas ma lettre ; je ne sais pas même si celle-ci vous parviendra. Recevez pour eux deux ici ma bénédiction ; j'espère qu'un jour, lorsqu'ils seront plus grands, ils pourront se réunir avec vous et jouir en entier de vos tendres soins. Qu'ils pensent tous deux à ce que je n'ai cessé de leur inspirer : que les principes et l'exécution exacte de ses devoirs sont la première base de la vie, que leur amitié et leur confiance mutuelle en fera le bonheur. Que ma fille sente qu'à l'âge qu'elle a, elle doit toujours aider son frère par les conseils que l'expérience qu'elle aura de plus que lui et son amitié pourront lui inspirer ; que mon fils, à son tour, rende à sa sœur tous lcs soins, les services que l'amitié peut inspirer ; qu'ils sentent enfin tous deux que, dans quelque position où ils pourront se trouver, ils ne seront vraiment heureux que par leur union ; qu'ils prennent exemple en nous. Combien, dans nos malheurs, notre amitié nous a donné de consolation ! Et, dans le bonheur, on jouit doublement quand on peut le partager avec un ami ; et où en trouver de plus tendre, de plus uni que dans sa propre famille ? Que mon fils n'oublie jamais les derniers mots de son père, que je lui répète expressément : qu'il ne cherche jamais à venger notre mort !

« J'ai à vous parler d'une chose bien pénible à mon cœur. Je sais combien cet enfant doit vous avoir fait de la peine. Pardonnez-lui, ma chère sœur ; pensez à l'âge qu'il a et combien il est facile de faire dire à un enfant ce qu'on veut, et même ce qu'il ne comprend pas. Un jour viendra, j'espère, où il ne sentira que mieux tout le prix de vos bontés et de votre tendresse pour tous deux.

« Il me reste à vous confier encore mes dernières pensées. J'aurais voulu les écrire dès le commencement du procès ; mais outre qu'on ne me laissait pas écrire, la marche a été si rapide que je n'en aurais réellement pas eu le temps.

« Je meurs dans la religion catholique, apostolique et romaine, dans celle de mes pères, dans celle où j'ai été élevée, et que j'ai toujours professée. N'ayant aucune consolation spirituelle à attendre, ne sachant pas si il existe ici des prêtres de cette religion, et même le lieu où je suis les exposerait trop s'ils y entraient une fois, je demande sincèrement pardon à Dieu de toutes les fautes que j'ai pu commettre depuis que j'existe ; j'espère que, dans sa bonté, il voudra bien recevoir mes derniers vœux, ainsi que ceux que je fais depuis longtemps pour qu'il veuille bien recevoir mon âme dans sa miséricorde et sa bonté.

« Je demande pardon à tous ceux que je connais, et à vous, ma sœur, en particulier, de toutes les peines que, sans le vouloir, j'aurais pu leur causer. Je pardonne à tous mes ennemis le mal qu'ils m'ont fait. Je dis ici adieu à mes tantes et à tous mes frères et sœurs. J'avais des amis ; l'idée d'en être séparée pour jamais et leur peine sont un des plus grands regrets que j'emporte en mourant ; qu'ils sachent du moins que jusqu'à mon dernier moment j'ai pensé à eux.

« Adieu, ma bonne et tendre sœur ; puisse cette lettre vous arriver ! Pensez toujours à moi ; je vous embrasse de tout mon cœur, ainsi que ces pauvres et chers enfants. Mon Dieu, qu'il est déchirant de les quitter pour toujours ! Adieu, adieu : je ne vais plus m'occuper que de mes devoirs spirituels. Comme je ne suis pas libre dans mes actions, on m'amènera peut-être un prêtre ; mais je proteste ici que je ne lui dirai pas un mot, et que je le traiterai comme un être absolument étranger. »

A ce document adressé à Becquey, Courtois

joint un mot : avec cette précieuse lettre que « ma bonne fortune a pu faire tomber dans mes mains, je ne doute pas que je serai radié de la liste des régicides. Monsieur le Conseiller, vous êtes fait pour en sentir le prix ».

— Le prix, soit ! Qu'on les lui paie, ses documents, répondra le ministre Decaze. Quant à la mesure générale [l'exil pour les régicides], la décision étant prise, il ne faut pas d'exception.

Courtois est mort à Bruxelles, onze mois après sa correspondance avec Becquey, le 6 décembre 1816.

Le prêtre jureur, je le traiterai comme un être absolument étranger, a écrit Marie-Antoinette dans sa lettre à Élisabeth.

Pour les grandes occasions, la Terreur se conforme à tous les « rites ». La première civilité envers un condamné impose qu'il meure, s'il le juge bon, dans le secours de la religion. Chaque fois que le Tribunal révolutionnaire juge à mort, Fouquier-Tinville remet les noms des accusés à Gobel, évêque assermenté de Paris.

Être choisi par l'évêque pour conduire la Reine à l'échafaud a dû mettre dans l'embarras plus d'un prêtre.

C'est apparemment malgré lui que l'abbé Girard a été désigné. Il sait que la Reine est un caractère. Elle refusera la confession qui est essentielle pour les derniers sacrements ; il devra monter avec elle dans la charrette. Girard n'ignore pas qu'il risque gros en défilant au pas au milieu d'une foule prête à mordre...

Pour la Reine aussi, ce prêtre assermenté est entaché d'un double péché mortel. Il a prêté serment à la République, il est schismatique, et ne reconnaît ni l'autorité du pape ni celle du défunt Roi.

La rencontre de Marie-Antoinette avec Girard fournit tout de même une scène grandiose.

— Je vous remercie, monsieur l'abbé, mais ma religion me défend de recevoir le pardon de Dieu par la voix d'un prêtre d'une autre communion que la communion romaine... J'en aurais bien besoin pourtant, car je suis une grande pécheresse. Mais je vais recevoir un grand sacrement.

— Oui, le martyre.

Le prêtre est-il revenu à la charge comme le disent certains textes ?

— Mais, Madame, que dira-t-on, lorsqu'on saura que vous avez refusé le secours de la religion dans ces suprêmes moments ?

— Vous direz aux personnes qui vous en parleront que la miséricorde de Dieu y a pourvu...

La miséricorde de Dieu « y a-t-elle pourvu » par des voies obliques ?

Au mois d'août ou de septembre, quand beaucoup de gens parmi l'entourage de Michonis entraient facilement chez la Reine, un prêtre non jureur aurait pu s'introduire deux fois, entendre la Reine en confession et lui donner la communion. En octobre, la prisonnière est au cachot. A la Conciergerie, un privilège a été octroyé à une personne très pieuse, Mlle Fouché. Elle peut apporter aux condamnés à mort qui le souhaitent « leur vraie patrie, leur maison qui est l'Éternel ». Un prêtre non assermenté officie pour Mlle Fouché, c'est l'abbé Magnin. Le 11 octobre, l'abbé serait entré dans le cachot de la Reine pour dire la messe en présence des deux gardiens et de Mlle Fouché.

En 1825, l'abbé Magnin, devenu curé de Saint-Germain-l'Auxerrois, a pu écrire ces lignes à l'attention de Charles X et de l'archevêque de Paris :

« Le jour de l'œuvre sainte fixé, le concierge vint nous prendre pendant la nuit, dans un lieu indiqué, et nous conduisit dans la prison. J'entendis la confession de la Reine. Mlle Fouché s'était préparée à recevoir son Dieu, et les deux gendarmes m'annoncèrent qu'ils s'y étaient disposés aussi, et qu'ils désiraient ardemment communier dans cette circonstance aussi fortunée qu'inattendue. Nous préparâmes, sans perdre un instant, sur la petite table, tout ce qui était nécessaire.

« Je célébrai l'auguste sacrifice de nos autels et je donnai la communion à la Reine qui, en se nourrissant du pain eucharistique, reçut de son Dieu le courage de supporter, sans se plaindre, tous les tourments qui l'attendaient. Mlle Fouché et les deux gendarmes furent admis dans le même moment à ce banquet divin. »

Pourquoi mettre en doute l'authenticité de ce témoignage, même si l'on est arrêté par des excès de zèle (la communion des gardes) et surtout par la forme qui est celle de l'éloquence religieuse...

Rosalie a donc rapporté à Marie-Antoinette que sa robe de deuil la rendrait suspecte à la foule... Qu'importe ! Elle restera en déshabillé blanc avec, dessous, un jupon noir, « une bonnette très commune » tiendra ses cheveux. Autour du bonnet, elle a mis en signe de deuil un ruban noir.

Dans cette tenue, Marie-Antoinette grelotte. L'abbé Girard, le prêtre envoyé par l'archevêque de Paris, lui tend un oreiller ; qu'elle le mette sur ses pieds.

Vers 10 heures du matin, trois juges, Herman, Foucauld, Donze-Verteuil, entrent dans la cellule. Le greffier se prépare à lire une seconde fois la condamnation.

— Cette lecture est inutile. Je ne connais que trop cette sentence.

— Il n'importe, il faut qu'elle vous soit lue une seconde fois.

Pour aller à l'échafaud, Marie-Antoinette demande une voiture comme celle du Roi. Refusé. Elle montera « dans la même charrette que les autres condamnés ». Elle voulait aussi qu'un voile lui cachât la tête. Refusé. Cette préférence choquerait l'égalité.

Henri Sanson, le fils du bourreau qui a exécuté Louis XVI, entre dans la cellule. Marie-Antoinette ne s'attend pas à des sommations respectueuses, mais ce rude gaillard l'inquiète. Il tourne et retourne une corde qu'il a dans la main. Va-t-il lui lier les mains, ce brutal qui ne connaît pas sa force ? Le bourreau ne dit rien, il fera ce que la loi lui ordonne.

— Présentez vos mains, dit une voix.

— Va-t-on me lier les mains ? On ne les a point liées à Louis XVI.

S'agit-il de fatuité, d'orgueil, de détresse ? cette détresse qui, par moments, empoignait la Reine pendant son procès et l'a souvent rendue humaine, trop humaine pour ses juges ?

— Fais ton devoir, dit la voix.

— Oh, mon Dieu !

Oui ! Il est dit que tout Paris la verra dans sa camisole de nuit blanche, recouverte par un fichu parce qu'il fait frisquet ; il est dit qu'on l'entraînera à la mort les mains liées par une corde si serrée qu'elle arrivera au terme du voyage les doigts gelés jusqu'à l'os ; il est dit qu'on lui coupera les cheveux à la hauteur de l'occiput, que les mèches seront brûlées dans le corridor — « pas de reliques » ; il est dit qu'elle sera conduite au supplice non dans une voiture comme le Roi, mais dans une charrette, qu'elle sera assise sur une planche étroite et boiteuse ; il est dit que le bourreau la placera en arrière, tournant le dos au cheval, ainsi elle sera *traînée* et cette dernière humiliation la laisse stupéfaite.

Le vicomte Charles Desessarts la voit sortir de la prison. Elle est plantée sur sa planche ; le bourreau, qui a mis son tricorne, tient bien la grosse corde ; il s'appuie contre les « écalages » de la charrette. L'aide-bourreau est debout au fond. Le prêtre ne quitte pas Marie-Antoinette des yeux. Il semble lui dire : *Voyez-moi*, tandis qu'elle regarde au-dessus de la tête du « prêtre jureur ».

Desessarts note « ses yeux injectés de sang », « ses cils immobiles et roides », « le teint pâle, un peu rouge aux pommettes ».

Pour que tout Paris se dise « Allons-y », la commune s'est mise en frais. C'est le rappel qu'on a battu, c'est la force armée qu'on a alignée sur deux rangs, c'est les canons qu'on a roulés sur les ponts et aux carrefours, c'est la foule des sections qu'on a rameutée et qui lance son marmonnement intarissable avec, à intervalles réguliers, les mêmes cris : *Vive la République*, *Place à l'Autrichienne !*

Rue Saint-Honoré, sans doute près du club des Jacobins devenu le marché Saint-Honoré avec sa caserne de pompiers, David fait son célèbre croquis. Bien entendu, Jacques-Louis David, fils d'un marchand de fer, peintre, conventionnel, régicide, organisateur de la fête du 10 août 1793, dessine Marie-Antoinette comme s'il devait la tuer cent fois, la tuer pour les siècles des siècles. La Marie-Antoinette de David a le lourd visage de marbre romain des Habsbourg, les lèvres sont serrées, la bouche n'est plus qu'un fil, le nez pointe, les sourcils sont en arc, et les yeux sont morts. Dessiner une victime, c'est épatant. En un tournemain, le dessin et son modèle sont *exécutés*. Pourtant, même sous le crayon brutal de David, le personnage garde sa noblesse.

A midi passé de quelques minutes, la charrette est arrivée. La place de la Révolution est noire de monde. Marie-Antoinette a-t-elle décidé de faire vite pour escamoter son supplice à tous ces voyeurs ? Brusquement, elle a des ailes : « Elle est descendue avec légèreté et promptitude sans avoir besoin d'être soutenue, quoique ses mains fussent toujours liées ; elle est de même montée à la bravade, avec un air plus calme et plus tranquille encore qu'en sortant de prison [1]. » D'un coup de tête, elle a fait tomber elle-même son bonnet jusqu'à terre. Elle s'est collée à la planche et elle s'est laissé lier avec une bravoure inconsciente : « Audacieuse et insolente jusqu'au bout », écrit *le Père Duchesne*.

C'est une douceur d'exécuter une femme pareille, a dû se dire le bourreau. Et cette douceur, le bourreau en donnera le fin mot :

1. Relation de Rouy dans G. Lenôtre : *Captivité et Mort de Marie-Antoinette*, Perrin, 1902, p. 379.

« Elle m'a légèrement heurté le pied et elle m'a dit : Pardonnez-moi, monsieur. »

Il faut tout de même bien faire ce qu'exige le cérémonial de la Terreur. Lentement, longuement « le valet de supplice » va exhiber cette tête que toute une foule veut sentir à portée de main. Et on n'en finit pas de regarder tant c'est déconcertant ! Voici cette tête arrachée au corps, arrachée au champ de la pesanteur, relevée au ciel comme les chignons de la Reine de Trianon.

Tête de dérision et tête d'effroi, condamnée à la rupture des vaisseaux, à la rupture de tous les cordons de la vie.

Le mariage de cette femme avec Louis XVI devait fonder un immense empire et comme l'humanité n'en a jamais connu depuis l'Empire romain.

— Cette histoire finit dans le déchirement d'un corps.

Le ciel est à qui peut acquitter le loyer, dit-on. La fosse commune est au rabais. Une main a inscrit sur le registre des « inhumations banales » de la Madeleine : *Pour la bière de la Veuve Capet, 7 francs*.

REMERCIEMENTS

Je tiens à exprimer ma reconnaissance :

A Madame Claude Billaud, conservateur, qui a bien voulu aider mes recherches à la Bibliothèque historique de la Ville de Paris ;

A Anne Bessand-Massenet qui m'a permis d'accéder aux livres et journaux accumulés par Pierre Bessand-Massenet ;

A Jean-Yves Dournon qui a été le premier lecteur et correcteur de ce livre.

Cet ouvrage a été réalisé par la
SOCIÉTÉ NOUVELLE FIRMIN-DIDOT (Mesnil-sur-l'Estrée)
pour le compte de LA LIBRAIRIE PLON
76, rue Bonaparte, 75006 Paris

Achevé d'imprimer en octobre 1993

Imprimé en France
Dépôt légal : août 1993
N° d'édition : 12298 - N° d'impression : 25068